MADAME
PUTIPHAR

PARIS. TYPOGRAPHIE DE H. DEURBERGUE,
Boulevard de Vaugirard, 113.

LIBRAIRIE LÉON WILLEM, 8, RUE DE VERNEUIL, PARIS.

HUIT GRAVURES SUR ACIER

POUR ILLUSTRER

MADAME PUTIPHAR

GRAVÉES PAR LES PREMIERS ARTISTES

D'APRÈS LES DESSINS INÉDITS

DE MICHELE ARMAJER, Romain

	En noir.	En bistre.
Sur papier vélin........................	8 fr.	10 fr.
Sur grand papier de Hollande..........	12 fr.	14 fr.
— Whatman.............	16 fr.	20 fr.
— de Chine véritable......	16 fr.	20 fr.

N. B. — Les exemplaires sur papier de Chine et sur papier Whatman sont en premières épreuves.

MADAME PUTIPHAR

PAR

PETRUS BOREL

(LE LYCANTHROPE)

Seconde édition, conforme pour le texte et les vignettes
à l'édition de 1839

PRÉFACE PAR M. JULES CLARETIE

TOME PREMIER

PARIS
LÉON WILLEM, ÉDITEUR
8, RUE DE VERNEUIL

1877

La femme d'un charbonnier est plus estimable que la maîtresse d'un Roi.

PRÉFACE.

Je me suis toujours proposé de faire, pour quelques individualités curieuses, originales et bizarres de ce temps-ci, une étude analogue à celle qu'un lettré de race choisie, M. Monselet, a menée à bonne fin sur les *Oubliés et les Dédaignés du XVIIIe siècle*. J'avais commencé par le portrait du *Lycanthrope* cette galerie tout à fait étrange, et je ne réponds pas de ne point la reprendre bientôt en étudiant ces méconnus ou ces excentriques qui s'appellent Elim Metscherski, Charles Lassailly, Aloïsius Bertrand, et, plus près de nous, ce poëte d'un grand talent et d'une existence si aventureuse, Albert Glatigny.

Pour aujourd'hui il ne s'agit ici que d'une préface à l'un des livres les plus particuliers de ce genre de littérature que Nodier appelait le *genre frénétique*. Je renverrai, pour ce qui touche à la vie même de Petrus Borel, au petit volume que je lui ai consacré (1) et ne m'occuperai

---

(1) *Petrus Borel le Lycanthrope, sa Vie et ses OEuvres*, chez René Pincebourde (Bibliothèque Originale, 1865).

que de l'œuvre même qu'un éditeur artiste, M. Léon Willem, aidé de la piété *filiale* de M. Borel d'Hauterive, le frère de Petrus, remet en lumière en la revêtant d'une forme plus digne de la faire apprécier des bibliophiles.

La première édition de *Madame Putiphar* date de 1839; elle forme deux volumes in-8 à couverture bleue (Paris, Ollivier, éditeur), avec deux gravures sur bois, reproduites ici : la première, celle du tome Ier, représentant Patrick le volume de J.-J. Rousseau à la main et tenant tête à madame de Pompadour; la seconde (tome II), signée Louis Boulanger, montrant Déborah à genoux, les cheveux en désordre, devant Patrick décharné, à demi nu, un crucifix sur la poitrine. Sur la couverture du livre un cadran d'horloge, sans aiguilles, avec deux os de mort entre-croisés et une larme.

Ce livre, Petrus Borel l'avait écrit loin de Paris, au Baizil, en Champagne, près du château de Montmort, dans un moment de sa vie où il se sentait entraîné vers la production, emporté par la fièvre créatrice. Il avait promis deux ou trois autres romans à Ollivier, son éditeur; il avait composé, à la même époque, un drame en cinq actes, *le Comte Alarcos*, encore inédit et qu'on pourra publier un jour. La dureté de son éditeur eut facilement raison de cet accès d'espérance et de foi.

Dans une lettre mise aux enchères lors de la vente des autographes appartenant à l'éditeur Renduel, Petrus Borel se plaignait amèrement de l'éditeur qui lui avait acheté cette *Madame Putiphar*. La lettre est cruelle et vaut la peine d'être citée. Elle montre en quel état se trouvait alors le Lycanthrope. « Je vous écris de mon désert, dit
» Petrus Borel. J'ai vendu mes deux volumes de *Madame*
» *Putiphar* 200 francs à Ollivier et il me refuse le troi-
» sième quart (50 francs) quand la totalité de la copie est
» achevée. Ma misère est affreuse : je suis obligé de sortir
» de ma *caverne* du Bas-Baizil pour glaner ma nourriture
» dans la campagne. Débarrassez-moi de cet homme. »

Ainsi, on le voit, le Lycanthrope ne souffrait pas seulement de maux imaginaires, et il lui était bien permis de se plaindre.

Les exemplaires de cette édition *princeps* de *Madame Putiphar* sont devenus, comme ceux des *Rhapsodies* et de *Champavert* des raretés que se disputent les amateurs de *romantiques*. Singulière fortune des livres! C'est à la Bibliothèque, où ils étaient depuis vingt-cinq ans, que j'ai trouvé les deux volumes de *Madame Putiphar*. Depuis vingt-cinq ans ils dormaient là, et nul ne les avait lus, et personne ne les avait coupés! Le premier j'ai mis le couteau d'ivoire entre ces feuillets que pas une main n'avait tournés! Et pourtant, il valait d'être étudié, ce volume, ne fût-ce que pour le prologue en vers qui précède le roman, — superbe portique d'une œuvre étrange. Cette introduction est assurément ce qui est sorti de plus remarquable de la plume de Petrus Borel.

Le ton navré est réellement touchant, et pour cette fois les grincements de dents de Champavert ont cessé. Hésitant et non plus irrité, inquiet, troublé, le poëte s'interroge, résiste tour à tour, et s'abandonne au doute, à ses instincts divers, à cette *triple nature* qui compose son idiosyncrasie. Nous avons tous au fond du cœur deux ou trois de ces cavaliers fantastiques dont parle Borel, et que nous entrevoyons, dans les heures troublées, comme des visions apocalyptiques.

Faut-il analyser ici ce singulier roman de *Madame Putiphar*, précédé par une si éloquente introduction en vers? Au début du livre, mylord et mylady Cockermouth sont accoudés à leur balcon, regardant le soleil couchant. Milady sème mal à propos son bel esprit, comme le lui reproche son mari; elle compare les trois longues nuées éclatantes aux trois fasces d'or horizontales des Cockermouth, et le soleil au milieu du ciel bleu au besant d'or parmi le champ d'azur de l'eau. Milord laisse là cette conversation sentimentale. Il revient des Indes et demande sévèrement à sa femme pourquoi certain fils de fermier, Patrick Fitz-Whyte « étudie les arts d'agrément avec Déborah, l'héritière des Cockermouth ». Non-seulement ce Patrick est un petit paysan, mais il est catholique, et lord Cockermouth a pour juron favori : « Ventre de papiste ! » Il ne badine pas avec ses convictions. La mère défend sa fille de son mieux ; mais elle n'est pas bien persuadée non plus de l'innocence de Déborah. Que faire ? Elle interroge la jeune fille. « Déborah, mon enfant, êtes-vous une fille à commerce nocturne ? » Déborah rougit, se jette à genoux et demande grâce. Elle aime M. Patrick Fitz-Whyte (elle l'appelle *monsieur*); chaque nuit, elle sort par la poterne de la Tour de l'Est, elle va causer avec lui près du *Saule creux*, mais causer, rien de plus. « Nos entretiens n'ont jamais été qu'édifiants ! » D'ailleurs, elle promet de cesser toute relation avec ce Patrick et d'épouser l'homme que son père lui présentera.

Mais quoi ! miss Déborah est de la religion d'Agnès. Le soir même, elle sort par la poterne de la Tour, elle va jusqu'au Saule creux et crie le mot de ralliement habituel :

« To be!

— Or no to be ! » répond Patrick, qui connaît Shakespeare.

Les deux amoureux se font rapidement leurs confidences. Ils ont eu, l'un et l'autre, à subir les brutalités de leurs tyrans. Patrick a le visage balafré, Déborah a l'épaule démise. Lord Cockermouth a brisé sa cravache sur le front du jeune homme en le saluant d'un seul mot : « Porc ! » et au déjeuner il a lancé un pot d'étain à sa fille. Décidément tout cela ne peut durer. Aussi bien les amants conviennent qu'ils partiront, qu'ils iront en France pour y vivre heureux et libres. Leur fuite aura lieu « le 15 du courant », le jour même de la fête de lord Cockermouth.

Hélas ! on ne s'enfuit pas facilement du manoir paternel.

Nos tourtereaux sont surveillés. Un certain Chris, qui en veut beaucoup à Patrick, parce que celui-ci a refusé de trinquer avec lui, les espionne et les dénonce à lord Cockermouth. Le jour de la fuite venu, et pendant que les hôtes du lord en sont au dessert, Cockermouth et son complice, armés jusqu'aux dents, s'en vont vers le Saule creux, se jettent sur une ombre qu'ils aperçoivent et qui doit être Patrick, — et l'égorgent.

Quant à Cockermouth, il essuie son épée et rentre dans dans la salle du banquet. Il cherche alors Déborah des yeux, ne l'aperçoit pas, s'inquiète. On court aux appartements.

« Mon commodore, dit Chris, je ne trouve pas mademoiselle! »

On devine que ce n'est point Patrick, mais Déborah qu'ils ont assassinée. Patrick la trouve ainsi baignée dans son sang, la remet sur pieds, et la reconduit jusqu'au château. Ils conviennent qu'il s'enfuira et qu'elle le suivra dès que ses blessures seront guéries. « Mais, dit-elle, comment te retrouverai-je à Paris? » — Ce Patrick est rusé! — « Il faut avoir recours à un expédient, mais lequel?... (C'est lui qui parle.) Sur la façade du Louvre qui regarde la Seine, vers le sixième pilastre, j'écrirai sur une des pierres du mur mon nom et ma demeure. »

Après une telle trouvaille, il est bien permis de s'embrasser, — ce qu'ils n'ont garde d'oublier. Puis on se sépare.

Cela fait, Déborah se présente aux invités de son père, pâle, sanglante comme une autre Inès de las Sierras. Les invités se lèvent et se retirent. Lord Cockermouth essaie de les retenir, puis les menace de son épée, — que dis-je! — de sa *flamberge*, et la brandit sur ses convives. Mais un vieillard, marchant vers lui, « d'un faux air mystérieux lui dit : Milord, vous avez du sang à votre épée! »

Le livre Ier s'arrête sur ce coup de théâtre; il contient,

— outre certaines particularités de style, comme cette singulière expression pour dire que Déborah but un verre d'eau : « Elle jeta un peu d'eau sur le feu de sa poitrine », — un passage à noter, le portrait de lord Cockermouth, évidemment fait d'après une épreuve de sir John Falstaff. On le cherchera et on le trouvera dans ces pages, et voilà certes une excellente caricature. Daumier ne l'eût pas mieux crayonnée. Ce livre de *Madame Putiphar* abonde en rencontres semblables. Je n'analyserai point la suite de l'ouvrage aussi scrupuleusement que le début. D'ailleurs le lecteur de ces pages n'a-t-il pas le livre entre les mains et ne peut-il laisser là le *préfacier* pour courir au conteur ? Petrus se fera bien connaître lui-même. On remarquera, soit dit en passant, l'orthographe fantaisiste du Lycanthrope, qui tenait à ses systèmes comme cet autre original, Restif de la Bretonne. C'est ainsi qu'il écrit *abyme, gryllon, pharamineux,* etc. « Je ne peux me figurer, sans une sympathique douleur, dit M. Charles Baudelaire, toutes les fatigantes batailles que, pour réaliser son rêve typographique, l'auteur a dû livrer aux compositeurs chargés d'imprimer son manuscrit. »

Revenons à *Madame Putiphar*. Patrick donc a quitté l'Irlande, ainsi qu'il a été convenu. Il arrive en France et entre d'emblée dans le régiment des mousquetaires du roi. Il n'a garde d'oublier le sixième pilastre du Louvre, et il y écrit son adresse. Précaution excellente, puisque Déborah le cherche déjà. Elle le rejoint. Leur folle joie remplit une quinzaine de pages. Petrus Borel n'a pas trouvé de meilleur mode pour exprimer leur ivresse que de les faire agenouiller dans toutes les églises de Paris. Mais voyez la fatalité ! Patrick a été jugé en Irlande comme assassin contumax de miss Déborah ; jugé, autant dire condamné, et mieux que cela, puisqu'il a été pendu en effigie, ce dont-il se moque au surplus profondément.

Ah ! que vous avez tort d'être dédaigneux, ami Patrick ! Justement, un mousquetaire de son régiment, Irlandais comme lui, Fitz-Harris, apprend la nouvelle de cette pendaison et en confie aussitôt le secret à tous ses camarades. Patrick se défend comme il peut, proteste de son innocence, et pour prouver qu'il n'a pas tué miss Cockermouth, il présente à ses compagnons Déborah, Déborah vivante et devenue sa femme. On s'incline profondément, et tout serait pour le mieux si le régiment des mousquetaires n'avait pas de colonel. Il en a un, *vertubleu!* et *habillé de vert-naissant, têtebleu!* et qui se nomme le marquis de Gave de Villepastour, *mille cornettes!* Or, ce colonel est amoureux de la femme de Patrick. Il veut la séduire, elle ne l'écoute pas; l'enlever, elle le repousse. Il a beau mettre Patrick aux arrêts pour causer plus librement avec Déborah, Déborah résiste. Il a des menaces, soit! Elle a des pistolets.

Sur ces entrefaites, Fitz-Harris, l'Irlandais qui est poëte par échappées, est convaincu d'avoir publié un libelle contre *Madame Putiphar*, lisez *Madame de Pompadour*. Petrus Borel appelle aussi Louis XV *Pharaon*. Maître Fitz-Harris est mis à la Bastille, et Patrick, toujours généreux, va demander sa grâce *à la marquise*.

Ici, j'aurais grande envie de reprocher à Petrus Borel sa sévérité excessive pour cette reine de la main gauche qui profita de sa demi-royauté pour faire un peu de bien, quand les autres, par habitude et par tempérament, font beaucoup de mal. Dieu me garde de me laisser entraîner par ce courant de réhabilitations érotiques qui, parti d'Agnès Sorel, ne s'est pas arrêté à la Dubarry! Mais enfin, lorsque je songe à Madame de Pompadour, c'est à son petit lever que je la revois, souriante, entourée d'artistes, ses amis, tenant le burin et demandant à Boucher un avis sur la gravure qu'elle vient d'achever. Muse du rococo, elle ne se contenta pas de publier des estampes ou de peindre des nymphes au sein rosé, elle protégea les Encyclopédistes, — et cette petite main si forte pouvait seule peut-être arrêter la persécution; elle *philo-*

sopha, elle fit un peu expulser les Jésuites. Bref, il lui sera beaucoup pardonné, parce qu'elle a légèrement aimé la liberté de l'art et de la pensée (1).

Mais Petrus Borel ne nous la présente pas ainsi. C'est une louve affamée, une Cléopâtre sur le déclin, et quand madame du Hausset introduit Patrick dans le boudoir de Choisy-le-Roi, la Putiphar saisit à deux mains, — et quelles mains! — le manteau de ce Joseph irlandais. Ce diable de Patrick résiste au surplus éperdument. Elle parle amour, séduction, ivresse; il répond langue irlandaise, *Dryden*, *minstrel*, légendes de son pays. A cette femme éperdue et enivrée il réplique par un cours de grammaire comparée, et quand elle lui déclare en face

---

(1) On vient tout récemment de vendre (février 1877) à l'hôtel Drouot, une collection de Lettres autographes de femmes célèbres des XVIIe et XVIIIe siècles, parmi lesquelles figurait une suite de lettres de madame de Pompadour qui pourraient donner lieu à une publication fort intéressante. Ce sont des lettres d'Antoinette Poisson à son père (de 1741 à 1753), et à son frère M. de Vendières, marquis de Marigny (de 1749 à 1762). On y voit madame de Pompadour jouant *Alzire* à son théâtre de Choisy, se faisant peindre par Boucher et représenter au pastel par Liotard; parlant de son *petit Cochin* (Charles Cochin, le dessinateur), des tableaux de Joseph Vernet, de la folie du peintre La Tour. Elle appelle M. de Vendières *frérot* ou *Monseigneur de Marcassin*, en déclinant le nom en latin et se décerne à elle-même le petit nom de *Reinette*. Reinette, cela ne veut-il point dire *petite reine*, ô marquise? Toujours est-il que ces trente-neuf lettres mises en vente, formant ensemble une soixantaine de pages, composent une piquante, alerte et charmante chronique du temps passé, et que madame de Pompadour s'y montre fort aimable et très-attirante (voyez le Catalogue de cette vente rédigé par M. Gabriel Charavay). C'est tout ce qui reste de cette précieuse collection du cabinet d'un amateur où figuraient aussi Louise de la Fayette, la duchesse de la Châtre, Marie de Hautefort, la princesse de Conti, la duchesse de Porsmouth, etc., etc. : — une Académie de femmes, le Décaméron de l'histoire.

son amour, il va froidement dans la bibliothèque prendre un livre du citoyen de Genève et met sous les yeux de la Pompadour cette pensée de la *Nouvelle Héloïse :*

« LA FEMME D'UN CHARBONNIER EST PLUS ESTIMABLE QUE LA MAÎTRESSE D'UN ROI. »

La Pompadour ne répond rien, mais elle fait mettre mon Patrick à la Bastille, pendant que le colonel marquis de Villepastour fait transporter Déborah au Parc-aux-Cerfs. Mais si Patrick est un loup, Déborah est une lionne. *Pharaon* a beau prier, supplier, se traîner à ses genoux, elle résiste, elle est superbe. « Vous finirez, dit le roi, par me rendre brutal! » Le tome Ier de *Madame Putiphar* se termine par la lutte et la résistance dernière de Déborah.

Dans le tome II de son ouvrage, Petrus Borel sème avec prodigalité les cachots ténébreux, les escaliers humides, les geôliers farouches, les souterrains sanglants et les oubliettes, toutes les fantasmagoriques des mélodrames. Déborah est enfermée au fort Sainte-Marguerite, et parvient à s'en échapper. Patrick et Fitz-Harris, réunis par le hasard, croupissent dans des culs-de-basses-fosses, à la Bastille ou à Vincennes. Au surplus, il y a vraiment là des pages saisissantes et effroyables. Les longues heures des deux martyrs sont comptées avec une cruauté sombre qui commence par faire sourire et qui finit par terrifier. Telle scène ou Fitz-Harris meurt en maudissant ses bourreaux, où le délire le gagne, où il revoit, moribond en extase, son comté de Kerry, Killarney la hautaine, le soleil, les arbres, les oiseaux; où Patrick demeure bientôt seul dans l'ombre, avec le cadavre de son ami, cette scène vous étreint à la gorge comme une poire d'angoisse. Petrus prend ainsi comme un violent plaisir à vous inquiéter et à vous torturer.

Quant à la fin même de l'histoire, la voici. Déborah a eu un fils, le fils de Patrick. Elle l'a appelé *Vengeance*. C'est une façon de désespéré taillé sur le patron d'Antony, ou de Didier, un des mille surmoulages pris sur les statues des bâtards romantiques. Déborah. poussé par les lamentations de son fils, lui confie le secret de sa naissance, lui montre son père emprisonné, torturé, maudit, et lui met une épée à la main en lui disant : « Va le venger ! » *Vengeance* descend à l'hôtel du Villepastour et l'insulte, le frappe au visage, le contraint à se battre. Le marquis prend son épée, tue d'un coup droit ce jeune imprudent, fait attacher le cadavre sur le cheval qui à amené Vengeance vivant, et lâche le nouveau Mazeppa à travers champs. La course nocturne du cheval de *Vengeance* vers le château où attend Déborah est un des bons, des beaux morceaux du livre. C'est une façon de ballade où, comme un refrain, passe le cri de l'auteur au coursier : « Va vite, mon cheval, va vite ! »

Lorsque Déborah voit son fils mort, elle sent soudain sont cœur se fendre, la vie lui échapper, le doute l'envahir. Elle désespère de Dieu après avoir désespéré des hommes.

Ici la plume semble tomber brusquement des mains de Borel. Un accent de sincérité poignante traverse son livre et le démenti final donné à son roman, la justice envahissant ce foyer d'horreurs, la revanche des bons sur les méchants,— c'est la prise de la Bastille par le peuple, le renversement du trône par les faubourgs, le meurtre du passé par la liberté. Il a réussi, ce Petrus Borel, à peindre en couleurs fortes, et sous un aspect nouveau, les triomphants épisodes du 14 juillet. Sa plume s'anime, court, étincelle, maudit, acclame, renverse; son style sent la poudre. Il y a là quelques pages vraiment dignes des écrivains embrasés qui vivaient dans la fournaise même, oui, dignes de Loustalot ou de Camille Desmoulins.

Au fonds d'un puits, dans la boue, dans la nuit, le peuple retrouve enfin un vieillard balbutiant des paroles d'une langue inconnue. C'est Patrick, Patrick hâve, décharné, lugubre. Déborah le reconnaît, elle se jette à son cou, elle lui parle, elle l'appelle par son nom. Il n'entend pas. « Fou! dit-elle. Il est fou!... » Elle se recule effrayée, tombe de toute sa hauteur et meurt.

Le livre s'arrête. Un meurtre de plus était impossible.

Je viens de nommer Camille Desmoulins. Ce n'est pas seulement le style même de Camille que le dénouement de *Madame Putiphar* nous rappelle : l'idée même de ce roman a été fournie au Lycanthrope par l'histoire. — Petrus Borel (ceci paraîtra intéressant aux curieux), a emprunté son livre aux *Révolutions de France et de Brabant* de Camille Desmoulins. Je lis, en effet, dans le n° 40 des *Révolutions* (1), page 34, une lettre d'un certain *Macdonagh, gentilhomme irlandois, capitaine*, lequel se plaint d'avoir été persécuté, offensé par son colonel, mis en prison, non pas à la Bastille, mais dans la tour des îles de Sainte-Marguerite, absolument comme dans *Madame Putiphar* Petrus Borel nous montre l'Irlandais Patrick offensé par son colonel, persécuté et jeté dans un cul-de-basse-fosse. Même caractère et même aventure. Le colonel enlève la femme qui s'appelle Déborah dans le roman, Rose Plunkett dans l'histoire.

La lettre de Macdonagh à Desmoulins est datée du 15 Juillet 1790. L'auteur raconte comment Rose Plunkett, qu'il a épousée en Irlande et qu'on lui a enlevée pendant qu'il était dans le cachot de l'Homme au Masque de Fer, est aujourd'hui la femme du marquis de Carondelet. Aussitôt, le Marquis d'écrire à Camille : « Monsieur, quelle a été ma surprise de voir dans votre journal une lettre signée Macdonagh, contenant une histoire infâme sur ma femme, dont il n'y a pas un mot de vrai! A peine cet homme l'a-t-il vue au travers des grilles d'un couvent, etc., etc. » A cela, Desmoulins répond qu'il ne regrette pas d'avoir publié la lettre de l'Irlandais, que la publicité

---

(1) Voir notre travail sur *Camille Desmoulins, Lucile Desmoulins et les Dantonistes* (1 vol. in-8, chez Plon, 1872).

est la sauvegarde du peuple et des honnêtes gens. « La dénonciation, dit-il, si elle est vraie, démasque des fripons; et si elle est fausse, un calomniateur; dans tous les cas, elle tourne ainsi au profit de la société, sans faire de tort à son client, car quel mal vous fait une imposture dont il vous est si facile de confondre l'auteur et de lui en faire porter la peine? »

Il y avait eu grand bruit à la suite de la lettre de Macdonagh, et le marquis de Carondelet, chevalier de Saint-Louis avait adressé aussitôt contre « l'intrigant » une requête à Messieurs de l'Assemblée nationale, au roi, à ses ministres, à tous les tribunaux du royaume : « C'est un scélérat qui file sa corde », y était-il dit en parlant de Macdonagh. A cela Macdonagh répond par une visite à Camille Desmoulins et lui conte l'affaire *qui est atroce*, dit l'auteur des *Révolutions de France et de Brabant*, Macdonagh a épousé Rose Plunkett qui, après lui avoir vainement offert une somme d'argent pour obtenir son désistement, « a trouvé, dit Desmoulins, qu'il lui en coûterait bien moins de se démarier par lettre de cachet, et moyennant 24,000 livres, a fait enfermer son mari, — non son futur, mais le passé — aux îles Sainte-Marguerite pendant douze ans et sept mois. Et, comme pièces de conviction, Desmoulins insère dans son journal des lettres de la marquise de Carondelet où Rose Plunkett appelle le capitaine irlandais : « Mon cœur et mon âme. »

On pourrait chercher ce qu'il advint de cette affaire Macdonagh; toujours est-il que Petrus Borel y a trouvé le sujet de *Madame Putiphar*, et que modifiant le rôle de Rose devenue Déborah, agrémentant son récit d'une visite à la Pompadour et d'une prise de la Bastille, il a choisi, ce jour-là, Camille Desmoulins pour collaborateur.

Le public sera heureux, je n'en doute pas, de retrouver, dans une édition faite pour les bibliothèques choisies, un livre aussi célèbre et aussi caractéristique que *Madame Putiphar*.

PRÉFACE.

Celui qui l'écrivit fut un homme de conviction et de talent qui eût pu marquer plus profondément encore sa trace dans l'histoire des lettres si la fortune lui eût souri. Comme il rêvait de grandes choses! Je retrouve dans la collection de *l'Artiste* ces vers non réimprimés qui montrent bien ce qu'étaient ses espoirs et ses rêves :

9 octobre.

Tout ce que vous voudrez pour vous donner la preuve
De l'amour fort et fier que je vous dois vouer;
Pas de noviciat, pas d'âpre et dure épreuve
Que mon cœur valeureux puisse désavouer.

Oui, je veux accomplir une œuvre grande et neuve!
Oui, pour vous mériter, je m'en vais dénouer
Dans mon âme tragique et que le fiel abreuve
Quelque admirable drame où vous voudrez jouer!

Shakspeare applaudira; mon bon maître Corneille
Me sourira du fond de son sacré tombeau!
Mais quand l'humble ouvrier aura fini sa veille,

Éteint sa forge en feu, quitté son escabeau,
Croisant ses bras lassés de son œuvre exemplaire,
Implacable, il viendra réclamer le salaire!

PETRUS BOREL.

C'est à madame Paradol, la belle madame Paradol de la Comédie-Française, mère de Prévost-Paradol, que ce sonnet était adressé et Petrus lui dédiait en outre le roman que M. Willem réimprime aujourd'hui. Ces vers décèlent bien un fier état d'âme, un courage tout prêt à tenter l'*œuvre grande*, un immense désir d'escalader les sommets. Ces folies et ces ardeurs vaillantes, ces explosions et ces fumées du romantisme valaient mieux encore que les fanges du réalisme, dont on sourira tout autant quand la mode en sera passée, et qui rentrent aussi dans le « genre frénétique » dont parlait Charles Nodier.

A propos du romantisme et de ses fièvres, M. Philarète

Chasles écrivait un jour. « C'était une belle époque éperdue. Elle voulait trop, elle espérait trop, elle comptait trop sur ses forces, elle jetait trop de sa séve aux vents du midi et du nord. Elle ne s'arrêtait pas pour s'écouter vivre; mais elle vivait. Elle avait l'ardeur, la séve et l'élan. Partout singularités et phénomènes : femmes émancipées, phalanstériens, vintrassiens, saint-simoniens; on faisait des drames en trente actes et des vers de quarante pieds. *Trialph* jaillissait de la plume de Lassailly, et le pauvre Petrus Borel, qui est allé mourir de douleur en Algérie, se disait lycanthrope. On imaginait qu'une loi votée pourrait ouvrir le paradis sur la terre; un seul noble discours allait de la tribune retentir dans toutes les poitrines.... » Ah! le beau temps et le temps des glorieuses chimères! C'était folie? Soit. Nous sommes devenus trop sages. Nous analysons, critiquons, cherchons, fouillons çà et là: nous sommes des chimistes, des médecins, oui; mais nous ne sommes plus des créateurs. L'imagination s'est enfuie. La folle du logis a mis la clef sous la porte. Il nous reste des conteurs qui décrivent, — mi-partie peintres de genre et commissaires-priseurs. Il ne nous reste plus de génies qui inventent. Et il y avait certes plus de salpêtre chez le dernier de ces insensés d'autrefois que chez plus d'un homme célèbre d'aujourd'hui.

Et voilà pourquoi nous disons aussi en feuilletant le livre éperdu du Lycanthrope : « *Poor Yorick, alas!* — Hélas! pauvre Yorick! »

Il y avait quelque chose là!

Jules CLARETIE.

Février 1877.

A

L. P.

CE LIVRE

EST A TOI ET POUR TOI

MON AMIE.

PROLOGUE.

*Une douleur renaît pour une évanouie;
Quand un chagrin s'éteint c'est qu'un autre est éclos;
La vie est une ronce aux pleurs épanouie.*

*Dans ma poitrine sombre, ainsi qu'en un champ clos,
Trois braves cavaliers se heurtent sans relâche,
Et ces trois cavaliers, à mon être incarnés,
Se disputent mon être, et sous leurs coups de hache
Ma nature gémit; mais, sur ces acharnés,
Mes plaintes ont l'effet des trompes, des timbales,
Qui soûlent de leurs sons le plus morne soldat,
Et le jettent joyeux sous la grêle des balles,
Lui versant dans le cœur la rage du combat.*

*Le premier cavalier est jeune, frais, alerte;
Il porte élégamment un corselet d'acier,
Scintillant à travers une résille verte*

Comme à travers des pins les crystaux d'un glacier,
Son œil est amoureux; sa belle tête blonde
A pour coiffure un casque, orné de lambrequins,
Dont le cimier touffu l'enveloppe et l'inonde
Comme fait le lampas autour des palanquins.
Son cheval andalous agite un long panache
Et va caracolant sous ses étriers d'or,
Quand il fait rayonner sa dague et sa rondache
Avec l'agilité d'un vain toréador.

Le second cavalier, ainsi qu'un reliquaire,
Est juché gravement sur le dos d'un mulet,
Qui feroit le bonheur d'un gothique antiquaire;
Car sur son râble osseux, anguleux chapelet,
Avec soin est jetée une housse fanée;
Housse ayant affublé quelque vieil escabeau,
Ou caparaçonné la blanche haquenée
Sur laquelle arriva de Bavière Isabeau.
Il est gros, gras, poussif; son aride monture
Sous lui semble craquer et pencher en aval:
Une vraie antithèse, — une caricature
De carême-prenant promenant carnaval!
Or, c'est un pénitent, un moine, dans sa robe
Traînante enseveli, voilé d'un capuchon,
Qui pour se vendre au Ciel ici-bas se dérobe;
Béat sur la vertu très à califourchon.
Mais Sabaoth l'inspire, il peste, il jure, il sue;
Il lance à ses rivaux de superbes défis,
Qu'il appuie à propos d'une lourde massue:
Il est taché de sang et baise un crucifix.

Pour le tiers cavalier, c'est un homme de pierre,
Semblant le Commandeur, horrible et ténébreux ;
Un hyperboréen ; un gnôme sans paupière,
Sans prunelle et sans front, qui résonne le creux
Comme un tombeau vidé lorsqu'une arme le frappe.
Il porte à sa main gauche une faulx dont l'acier
Pleure à grands flots le sang, puis une chausse-trappe
En croupe où se faisande un pendu grimacier,
Laid gibier de gibet ! Enfin pour cimeterre
Se balance à son flanc un énorme hameçon
Embrochant des filets pleins de larves de terre,
Et de vers de charogne à piper le poisson.

Le premier combattant, le plus beau, — c'est le monde !
Qui pour m'attraire à lui me couronne de fleurs ;
Et sous mes pas douteux, quand la route est immonde
Étale son manteau, puis étanche mes pleurs.
Il veut que je le suive, — il veut que je me donne
Tout à lui, sans remords, sans arrière-penser ;
Que je plonge en son sein et que je m'abandonne
A sa vague vermeille — et m'y laisse bercer.
C'est le monde joyeux, souriante effigie !
Qui devant ma jeunesse entr'ouvre à deux battants
Le clos de l'avenir, clos tout plein de magie,
Où mes jours glorieux surgissent éclatants.
Ineffable lointain ! beau ciel peuplé d'étoiles !
C'est le monde bruyant, avec ses passions,
Ses beaux amours voilés, ses laids amours sans voiles,
Ses mille voluptés, ses prostitutions !
C'est le monde et ses bals, ses nuits, ses jeux, ses femmes,

Ses fêtes, ses chevaux, ses banquets somptueux,
Où le simple est abject, les malheureux, infâmes !
Où qui jouit le plus est le plus vertueux !
Le monde et ses cités vastes, resplendissantes,
Ses pays d'Orient, ses bricks aventuriers,
Ses réputations partout retentissantes,
Ses héros immortels, ses triomphants guerriers,
Ses poètes, vrais dieux, dont, toutes enivrées,
Les tribus baisent l'œuvre épars sur leurs chemins,
Ses temples, ses palais, ses royautés dorées,
Ses grincements, ses bruits de pas, de voix, de mains !
C'est le monde ! Il me dit : — viens avec moi, jeune homme,
Prends confiance en moi, j'emplirai tes désirs ;
Oui, quelque grands qu'ils soient je t'en paierai la somme !
De la gloire, en veux-tu ?... J'en donne !... Des plaisirs ?...
J'en tue — et t'en tuerai !... Ces femmes admirables
Dont l'aspect seul rend fou, tu les posséderas,
Et sur leurs corps lascifs, tes passions durables
Comme sur un caillou tu les aiguiseras !

Le second combattant, celui dont l'attitude
Est grave, et l'air bénin, dont la componction
A rembruni la face : Or, c'est la solitude,
Le désert ; c'est le cloître où la dilection
Du Seigneur tombe à flots, où la douce rosée
Du calme, du silence, édulcore le fiel,
Où l'âme de lumière est sans cesse arrosée :
Montagne où le chrétien s'abouche avec le Ciel !
C'est le cloître ! Il me dit : — Monte chez moi, jeune homme,
Prends confiance en moi, quitte un monde menteur

Où tout s'évanouit, ainsi qu'après un somme
Des songes enivrants; va, le seul rédempteur
Des misères d'en bas, va, c'est le monastère,
Sa contemplation et son austérité!
Tout n'est qu'infection et vice sur la terre :
La gloire est chose vaine, et la postérité
Une orgueilleuse erreur, une absurde folie!
Voudrois-tu sur ta route élever de ta main
Un monument vivace?... Hélas! le monde oublie,
Et la vie ici-bas n'a pas de lendemain.
Viens goûter avec moi la paix de la retraite;
Laisse l'amour charnel et ses impuretés;
Romps, il est temps encor; ton âme n'est pas faite
Pour un monde ainsi fait; de ses virginités
Sois fidèle gardien; viens! et si la prière,
La méditation ne pouvoit l'étancher,
Alors tu descendras dans la sombre carrière
De la sage science, et tu pourras pencher
Sur ses sacrés creusets ton front pâle de veilles,
Magnifier le Christ — et verser le dédain
Sur la Philosophie outrageant ses merveilles
Du haut de ses tréteaux croulants de baladin;
Tu pourras, préférant l'étude bien aimée
De l'art, lui rendre un culte à l'ombre de ce lieu;
Sur ce dôme et ces murs, fervent Bartholomée,
Malheureux Lesueur, peindre la Bible et Dieu!...

Le dernier combattant, le cavalier sonore,
Le spectre froid, le gnôme aux filets de pêcheur,
C'est lui que je caresse et qu'en secret j'honore,

PROLOGUE.

Niveleur éternel, implacable faucheur,
C'est la mort, le néant !... D'une voix souterraine
Il m'appelle sans cesse : — Enfant, descends chez moi,
Enfant, plonge en mon sein, car la douleur est reine
De la terre maudite, et l'opprobe en est roi !
Viens, redescends chez moi, viens, replonge en la fange,
Chrysalide, éphémère, ombre, velléité !
Viens plus tôt que plus tard, sans oubli je vendange
Un par un les raisins du cep Humanité.
Avant que le pilon pesant de la souffrance
T'ait trituré le cœur, souffle sur ton flambeau;
Notre-Dame de Liesse et de la Délivrance,
C'est la mort ! Chanaan promis, c'est le tombeau !
Qu'attends-tu? que veux-tu?... Ne crois pas au langage
Du cloître suborneur, non, plutôt, crois au mien;
Tu ne sais pas, enfant, combien le cloître engage !
Il promet le repos; ce n'est qu'un bohémien
Qui ment, qui vous engeole, et vous met dans sa nasse !
L'homme y demeure en proie à ses obsessions.
Sous le vent du désert il n'est pas de bonace;
Il attise à loisir le feu des passions.
Au cloître, écoute-moi, tu n'es pas plus idoine
Qu'au monde; crains ses airs de repos mensongers;
Crains les satyriasis affreux de saint Anthoine:
Crains les tentations, les remords, les dangers,
Les assauts de la chair et les chutes de l'âme.
Sous le vent du désert tes désirs flamberont;
La solitude étreint, torture, brise, enflamme;
Dans des maux inouïs tes sens retomberont ! —
Il n'est de bonheur vrai, de repos qu'en la fosse:

Sur la terre on est mal, sous la terre on est bien;
Là, nul plaisir rongeur; là, nulle amitié fausse;
Là, point d'ambition, point d'espoir déçu... — Rien!...
Là, rien, rien, le néant!... une absence, une foudre
Morte, une mer sans fond, un vide sans écho!... —
Viens, te dis-je!... A ma voix tu crouleras en poudre
Comme aux sons des buccins les murs de Jéricho! —

Ainsi, depuis long-temps, s'entrechoque et se taille
Cet infernal trio, — ces trois fiers spadassins :
Ils ont pris — les méchants pour leur champ de bataille,
Mon pauvre cœur, meurtri sous leurs coups assassins,
Mon pauvre cœur navré, qui s'affaisse et se broie,
Douteur, religieux, fou, mondain, mécréant!
Quand finira la lutte, et qui m'aura pour proie, —
Dieu le sait! — du Désert, du Monde ou du Néant?

LIVRE PREMIER.

I.

Je ne sais s'il y a un fatal destin, mais il y a certainement des destinées fatales; mais il est des hommes qui sont donnés au malheur; mais il est des hommes qui sont la proie des hommes, et qui leur sont jetés comme on jetoit des esclaves aux tigres des arènes; pourquoi?... Je ne sais. Et pourquoi ceux-ci plutôt que ceux-là? je ne sais non plus : ici la raison s'égare et l'esprit qui creuse se confond.

S'il est une Providence, est-ce pour l'univers, est-ce pour l'humanité, et non pour l'homme? Est-ce pour le tout et non pour la parcelle? L'avenir de chaque être est-il écrit comme l'avenir du monde? La Providence marque-t-elle chaque créature de son doigt? Et si elle les marque toutes, et si elle veille sur toutes, pourquoi son doigt pousse-t-il parfois dans l'abyme, pourquoi sa sollicitude est-elle parfois si funeste?

Les savants, pour qui rien n'est ténébreux, diront que la destinée de l'individu dérive immédiatement de son organisation; que l'homme sans perspicacité sera dupe, que l'homme fin sera dupeur, et saura éviter les pierres d'achoppement où le premier trébuchera. — Mais, pourquoi celui-ci est-il rusé, et celui-là est-il simple? Être simple et bon est-ce un crime qui vaille le malheur et le supplice? — A quoi les savants répondront : Celui-ci est simple, parce qu'il a la protubérance de la simplicité; et celui-là est fin, parce qu'il a la protubérance de la finesse. — Bien, mais pourquoi celui-ci a-t-il cet organe qui manque à l'autre? Qui a présidé à cette répartition? Quel caprice a donné à l'un la bosse du meurtre, et à l'autre la bosse de la mansuétude? Si dès la procréation, ce caprice a départi les bonnes et les mauvaises qualités des êtres, il a départi leurs destinées : les destinées sont donc écrites; il y a donc un destin! L'animal n'a donc pas son libre arbitre : il n'a donc pas le choix d'être doux ou d'être féroce, de souffrir ou de faire souffrir, d'aimer ou de tuer. — Les savants se lèveront et répondront encore : — Il n'y a ni bonne ni mauvaise passion : c'est la société qui postérieurement est venue, et qui a dit : Ceci est mal, ceci est bien. Ceci est bon parce que ceci m'est profitable; ceci est mauvais parce que ceci m'est nuisible. — Soit : mais si les hommes doivent vivre en société, pourquoi la Providence en fait-elle d'insociables, pourquoi va-t-elle contre son but? Est-elle donc extravagante? Une Providence ne sauroit l'être. D'ailleurs cette raison n'explique rien, car il est des hommes sociables victimes de la société; car il est des hommes bons dont l'existence est affreuse; car il est des hommes victimes d'événements indépendants de leur volonté, d'événements que leur esprit ne pouvoit prévoir, que nulle vertu humaine ne pouvoit parer.

Pour détourner du désespoir, on a, il est vrai, inventé la vie future, où le juste est récompensé, et le méchant puni; mais pourquoi récompenser le juste, qui n'a pas eu à opter entre la justice et l'iniquité? mais pourquoi châtier le méchant, qui n'a pas eu à choisir entre le crime et la bienfaisance? On ne doit récompenser et punir que les actes volontaires. C'est Dieu, et non pas le créé qu'il faudroit glorifier quand il a fait une bonne créature, et qu'il faudroit supplicier quand il en a fait une mauvaise. Il étoit bien plus simple, au lieu de faire deux existences, une seconde pour redresser les torts de la première, d'en faire une seule convenable.

Si le péché originel est une injustice, la destinée fatale originelle est une atrocité. La loi de Dieu seroit-elle pire que la loi des hommes? seroit-elle rétroactive?

Je ne m'arrêterai pas plus longtemps à ces pensées fatigantes et révoltantes : je ne chercherai point à expliquer ces choses inexplicables : si je m'y appesantissois longuement, je me briserois le front sur la muraille. J'étourdis ma raison toutes fois qu'elle interroge, et je m'incline devant les ténèbres.

Souvent j'ai ouï dire que certains insectes étoient faits pour l'amusement des enfants : peut-être l'homme aussi est-il créé pour les menus plaisirs d'un ordre d'êtres supérieur, qui se complaît à le torturer, qui s'égaie à ses gémissements. Beaucoup d'entre nous ne ressemblent-ils point par leur existence à ces scarabées transpercés d'une épingle, et piqués vivants sur un mur; ou à ces chauve-souris clouées sur une porte servant de mire pour tirer à l'arbalète?

S'il y a une Providence, elle a parfois d'étranges voies : malheur à celui marqué pour une voie étrange! il auroit mieux valu pour lui qu'il eût été étouffé dans le sein de sa mère.

C'est à vous, si vos cœurs n'y défaillent point, d'approfondir et de résoudre : quant à présent, pauvre conteur, je vais tout simplement vous développer des destinées affreuses entre les destinées. Bien plus heureux que moi vous serez, si vous pouvez croire qu'une Providence ait été le tisserand de pareilles vies, et si vous pouvez découvrir le but et la mission de pareilles existences.

II.

MYLORD, venez donc au balcon : le beau soleil couchant! Ah, vous êtes fortuné, mylord! tout jusques au ciel même qui se fait votre vassal et porte votre écusson au flanc. Regardez à l'occident ; ces trois longues nuées éclatantes ne semblent-elles pas vos trois fasces d'or horizontales ? et le soleil, votre besant d'or, au champ d'azur de votre écu ?

— Mylady, vous semez mal à propos votre bel esprit : vous voulez, suivant votre coutume, détourner une conversation qui vous pèse, par un incident, par quelque mignardise ; mais, vous le savez, je ne me laisse pas piper à vos pipeaux, et vous m'écouterez jusqu'au bout.

Je vous disois donc que si vous n'y prenez garde il arrivera malheur à votre fille. Je vous disois que dès l'origine j'avois prévu tout ce qui est survenu, que j'avois pressenti ce que vous auriez dû pressentir ; et ce que toute autre mère à votre place eût pressenti. Vos flatteurs vous appellent naïve, mais vous êtes obtuse. Comme un nouveau-né, vous ignorez toutes bienséances. Sur mon épée, madame! vous n'avez de noble que mon nom:

Avant mon premier départ pour les Indes, ayant déjà remarqué en eux une lointaine inclination, et un commencement de liaison, je vous avois fortement recommandé et fait bien promettre de ne plus leur laisser aucun rapport; en tout point vous m'avez désobéi. Plus tard, lors de mon entrée en campagne, je vous renouvellai formellement le même ordre et vous me désobéîtes encore plus formellement. A mon retour de l'armée, je trouvai Déborah compagne de Pat; je trouvai Pat presque installé ici; Pat traité comme vous eussiez traité un fils; Pat assistant à toutes les leçons des maîtres de Déborah, et étudiant avec elle les arts d'agrément. Étiez-vous folle! Vous avez fait un joli coup en vérité! vous avez rendu un bon service à ce pauvre père Patrick! Aujourd'hui, il ne sait que faire de son garnement de fils, qui s'en va labourer un solfége à la main, un Shakspeare sous son bras. N'eût-ce été que par respect pour ma maison, vous n'eussiez pas dû attirer ici, et traiter de telle sorte, l'enfant d'un de vos fermiers, et d'un de vos fermiers irlandois et papiste!

— Cher époux, vous savez combien je vous suis soumise en toutes choses. Ce n'étoit point pour braver vos commandements, ce que j'en fis, mais purement pour l'amour de votre fille : seule, avec moi et quelques domestiques grondeurs, sans distraction aucune dans ce beau, ce pittoresque, mais taciturne, mais funèbre manoir, la pauvre enfant se mouroit d'ennui, et ne cessoit de redemander son Pat, qui l'égayoit de sa grosse joie, qui l'entraînoit dans le jardin et dans le parc ; qui inventoit, pour plaire à sa noble petite amie, toute espèce de jeux et d'amusements.

Partageant ses jeux, ne devoit-il pas partager ses études ? N'auroit-ce pas été cruel de le renvoyer à l'arrivée des professeurs de Debby ? Puisqu'il étoit son compagnon, ne devois-je pas prendre à tâche de l'instruire et de le polir pour le rendre plus digne d'elle ? Il avoit si bonne envie d'apprendre, et tant de facilité, le pauvre garçon ! Cela donnoit de l'émulation à la paresseuse Debby. Puis, vous le savez, il étoit si gentil, si doux, si prévenant ! Ah ! que je souhaiterois à beaucoup de gentilshommes d'avoir de pareils héritiers !

— Toujours vos mêmes parades de générosité, toujours vos belles idées sur les gents de basse condition ; vous aurez beau argumenter, un mulet et un cheval de race feront toujours deux, comme un Irlandois et un homme

Où toutes ces prouesses de vertu vous conduiront-elles ? Vos largesses envers les mendiants et les paysans vous feront, à la première rencontre, couper les jarrets par ces infâmes catholiques. Votre conduite à l'égard du petit Pat, où vous mènera-t-elle, où vous a-t-elle poussée ? Debby et Pat, grandissant ensemble, se sont pris d'étroite amitié, puis à l'amitié a succédé l'amour : la jeune comtesse Déborah Cockermouth est amourachée du gars de votre fermier : mademoiselle en feroit volontiers son époux ! Dieu me damne ! cela me fait dresser les cheveux sur la tête! Mademoiselle refuse tout brillant parti; mademoiselle repousse tout noble requérant: J'ai fait vœu de chasteté, dit-elle. Ventre de papiste! quel est ce catholique baragouin? Dieu me damne! ça tourne à mal....

— Pourquoi vous enflammer ainsi? à quelle occasion tant de violence? Cette fantaisie de garder le célibat n'est qu'une lubie de jeunesse, qui lui passera, et tout d'abord qu'elle aura rencontré un cavalier de son choix et de son gré. Quant à Patrick, vous savez bien que tout est rompu entre elle et lui depuis longtemps; et que depuis votre farouche sortie contre lui, il n'a pas remis le pied au château.

— Tout est rompu entre elle et lui!... Il n'a pas remis le pied au château!... Qui vous a si bien informée? Madame, relâchez de votre surveillance, elle est vraiment trop rigide. Ah! tout est rompu entre elle et lui?... parole d'honneur?... C'est pour cela que mon fidèle Chris, maintes fois, l'a vu rôdant près du château; c'est pour cela qu'il a entendu plusieurs fois ce que vous eussiez dû entendre, la nuit, Déborah se relever, sortir et descendre du côté du parc. Ah! tout est rompu entre elle et lui!... vraiment?... C'est bien, restez dans votre quiétude: pour moi, je vais redoubler de sévérité; Chris l'espionnera; et si le malheur veut que cela soit, je prendrai des mesures qui ne seront pas douces à votre pimbêche de fille.... Quant au paysan, c'est la moindre affaire.

— Vous êtes maître, mylord, et surtout maître de vos actions; je ne suis que votre humble servante, et je m'incline. Faites à votre guise; on recueille ce qu'on a semé.

— A vos souhaits, comtesse.

III.

E lendemain, après sa toilette, lady Cockermouth fit prier Déborah de vouloir bien se rendre auprès d'elle, par l'escalier dérobé, le plus secrètement possible, pour ne point attirer l'attention de son père.

Aussitôt Debby, très-inquiète, arriva mystérieusement; d'un pas craintif et d'un air caressant, elle s'approcha de sa mère pour la saluer d'un baiser, mais ses lèvres ne pressèrent que ses deux mains qui soutenoient son front abattu.

— Je vous remercie, mademoiselle, d'avoir bien voulu vous rendre avec empressement à mon invitation, lui dit la comtesse en découvrant son visage mélancolique; cédez toujours ainsi à mes douces et sages prières, vous ferez le bien, et vous épargnerez à vous et à votre mère infortunée de grands chagrins et de grands remords. J'ai tant besoin de consolation !... et toute consolation ne me peut venir que de vous.

Une seule fois, dans votre enfance, Debby, je cédai à un de vos caprices : cette foiblesse maternelle, bien pardonnable, a déchiré ma vie, déjà tant empoisonnée : vous vous étiez éprise de belle amitié pour

Pat, le fils du granger Patrick, vous recherchiez toujours sa société, vous l'invitiez à vos récréations, vous lui offriez vos jouets, vous agissiez avec lui comme avec un frère, vous deveniez maussade quand on l'éloignoit de vous ; au lieu de m'opposer rigoureusement, et comme je l'eusse dû, à votre fréquentation de ce petit rustaud ; — fréquentation tout à fait messéante et blessant violemment votre père, qui plusieurs fois m'avoit intimé l'ordre, de l'empêcher durement. Pour ne point vous enlever votre compagnon unique, pour ne point vous affliger, j'écoutai vos désirs instants, et je favorisai vos entrevues. J'avois pensé que ce n'étoit qu'un enfantillage de peu de durée, mais vous vous êtes montrée tenace en vos goûts ; et, plus tard, je ne pus jamais vous convaincre qu'il étoit opportun et décent de rompre avec ce paysan devenu jeune homme ; vous ne voulûtes pas comprendre que vous dérogiez à votre rang.

Vous n'avez pas oublié, sans doute, mon cœur en saigne encore, toutes les tempêtes que cette condescendance m'a fait essuyer, toutes les fureurs qu'elle a fait tomber sur vous et sur moi ; n'étoit-ce pas assez ?...

Je croyois mon péché expié, je croyois cette guerre lasse ; je croyois éteint ce brandon de discorde ; hélas, me serois-je abusée grossièrement ?

Voici que la colère de votre père s'est réveillée plus véhémente que jamais : hier, affirmant que vous avez toujours des rapports avec M. Pat, il a invectivé contre vous, il m'a chargée de blâmes. J'ai tâché de l'appaiser, en témoignant de toutes mes forces de votre innocence. J'ai essayé de lui prouver que par méchanceté, sans doute, quelqu'un avoit égaré sa bonne foi. Je l'ai prié de ne point calomnier ma Déborah. J'ai repoussé loin cette perfide accusation. Non, Déborah, vous n'êtes point une fille à commerce nocturne : c'est une calomnie! Me démentirez-vous?... Non, Déborah, vous n'avez pu prolonger, au péril de votre avenir, une liaison impardonnable, une liaison funeste à l'orgueil de votre père, une liaison funeste à mon repos! Me démentirez-vous?...

— O ma mère, ma mère, pardon!... s'écria Déborah, tombant alors à ses genoux et cachant sa figure dans les plis de sa robe.

— Cessez vos cris, Déborah; craignez qu'ils n'attirent votre père, sortez de devant moi. Est-ce ainsi, mauvaise âme, que vous faites ma joie?

— O ma mère, pardon! ne me chassez pas, ce seroit me maudire, et je ne suis criminelle que de vos chagrins.... Veuillez m'entendre?...

— Debby, ma fille, que vous êtes cruelle! Déjà ne m'aviez-vous pas assez causé de tourments? En quoi ai-je donc si peu mérité votre pitié? N'eût-elle pas été coupable votre inclination, que du jour où elle appesantissoit sur moi le bras de plomb de votre père, et sur vous sa malédiction, vous eussiez dû en faire le sacrifice. Prenez garde, qui ne sait pas faire un sacrifice souvent est sacrifiée.

— C'est qu'aussi souvent il est plus facile d'être immolé que de s'immoler. On ne tient pas compte des efforts vains, des luttes impuissantes, des combats secrets : en vérité, croyez-vous qu'il soit si aisé de s'arracher du cœur une amitié qui date du berceau, un amour développé avec la vie, une passion se reposant sur un être parfait, sur un être d'élection? Croyez-vous qu'un amour sans bornes, soit si commode à arracher, quand il est basé sur une profonde estime, et surtout quand le bien-aimé n'a d'autre crime que celui d'être né dans une crèche?

S'il en est qui peuvent à un signal donné désaimer ou prendre de l'amour, ce n'est pas moi. J'ai tout tenté; je me suis tout dit pour surmonter ma passion; et tout ce que j'ai fait pour la détruire n'a fait que la consolider. Enfin, j'ai cessé ce duel inégal avec la nature; et je me suis abandonnée au courant; dût-il m'entraîner dans un gouffre, résignée à tout, je le suivrai.

— A quelle école, s'il vous plaît, avez-vous appris un langage aussi odieux? Est-ce à l'école de votre paysan?

— Mon paysan n'est point un homme de scandale; et si mon langage est odieux, c'est que mon cœur est odieux, car il part de mon cœur. D'ailleurs je ne suis plus une enfant, je touche au tiers de la vie; et j'ai eu pour maître le malheur.

— Quels malheurs?... Dieu du ciel! si votre père vous entendoit, vous seriez morte!...

— Ne suis-je pas résignée à tout.

— Les soupçons du comte votre père sont donc fondés?

— Oui, ma mère.

— Vous revoyez donc le garçon Pat?

— Oui, ma mère, je revois M. Patrick Fitz-Whyte.

— Depuis quand?...

— Depuis un an environ.

— Effrontée!.., Où pouviez-vous voir ce garçon?

— M. Patrick est venu quelquefois au château, en votre absence; mais habituellement nous nous rencontrons la nuit dans le parc. Je prends ici Dieu à témoin que pourtant nous n'avons jamais forfait à nos devoirs, et que nos entretiens n'ont jamais été qu'édifiants! M. Patrick est un noble homme, croyez bien!

— S'il m'étoit venu à la pensée que vous eussiez pu faillir, je serois plus coupable que vous ne le seriez vous-même, ma fille, si vous eussiez succombé : j'ai de l'estime pour vous, ma fille; ôter son estime à quelqu'un, c'est applaudir à ses vices, ou c'est le mettre dans le cas de se jeter au mal par dépit.

Votre père n'a encore que de vagues soupçons, et il est déjà possédé d'une colère outrée; prenez garde de les confirmer, je ne sais à quelle rigueur il pourroit être conduit. A la prolongation de vos liaisons avec Patrick, il attribue, fort justement sans doute, vos refus des divers gentilshommes qui vous ont été offerts. Prochainement il vous présentera un nouvel époux : si vous répondiez encore par un refus, son projet est de vous faire emprisonner dans une maison de correction d'Angleterre, jusqu'à ce que vous soyez revenue à des sentiments plus sociaux.

— Emprisonnée !... Est-ce à dire que je sois une folle, une prostituée !... Quant à un époux, seroit-ce Charles-Edward, je le repousserai ! J'ai fait ce vœu que je tiendrai, ou d'être à mon Patrick ou d'être à Dieu.

— Déborah, vous êtes une mauvaise femme ! Si vous respectez l'amour, vous ne respectez guère la piété filiale. Vous avez peu d'égards pour moi, pour moi votre tendre mère.

— Quoique je sois aigrie, ô ma mère ! croyez à ma piété profonde. Mais il est inconcevable qu'on puisse se figurer que l'amour filial ne vive pas d'échanges et de soins; que dans l'amour filial les charges soient toutes pour l'enfant qui ne peut l'entretenir en bon point que par l'abnégation de soi-même, que par l'abnégation de sa raison, et, souvent, par la destruction de sa jeunesse et la ruine de sa vie. Croyez-vous qu'un amour puisse tenir, puisse exister à de pareilles conditions ?

— Je ne pense pas que ces réflexions s'adressent à votre malheureuse mère : les charges entre nous deux ont été mutuelles, j'espère? Même, sans vous faire de reproche, je crois ma mesure plus comble que la vôtre. Que n'ai-je pas supporté, que n'ai-je pas souffert à cause de vous !

Parce que dans votre bas âge, involontairement j'avois favorisé vos rapports avec un enfant, on m'a fait coupable de ce qui s'en est suivi jusqu'en votre âge mûr. Ah! Déborah, vous aussi n'accusez pas votre malheureuse mère ! oh ! très-malheureuse !...

Vous parlez d'amour filial acheté par l'abnégation de soi-même, et par la ruine de son existence : c'est moi qui l'ai acheté à ce prix. Oh! tous mes rêves dorés de mon enfance!... oh! la Providence fait bien de nous taire l'avenir!...

— Si vous pouviez lire en mon cœur, ma pauvre mère, vous verriez à quel point je vous aime. Laissez-moi baiser vos pieds, laissez-moi pleurer sur votre front! car il est des faits bien atroces dans la vie : vous que j'aime profondément, vous à qui je n'aurois voulu apporter que joie et bonheur; vous dont j'aurois voulu alléger les tortures; par un funeste sort, par je ne sais quel hasard, quelle fatalité, je vous ai toujours plongée dans le chagrin et le remords. C'est affreux à penser!

— Ma bonne fille, combien tes caresses épanouissent mon âme. Qui sait si des jours heureux ne nous sont pas réservés? Tu peux encore me faire goûter à la félicité. J'ai tant souffert, prends pitié de moi, ne me fais pas souffrir davantage, j'y succomberois! Promets-moi, c'est l'unique et dernier sacrifice que je te demande, promets-moi de ne plus revoir M. Patrick.

— Ne plus revoir M. Patrick!... répéta Déborah consternée.

— Je sens bien qu'il est douloureux de renoncer à l'objet de ses affections; je sens bien que je vous demanderois là une chose difficile, si la renonciation étoit toute volontaire; mais n'est-il pas bien séant de prévenir une rupture inévitable et de la préparer soi-même? mais n'est-il pas habile de faire d'un événement, tout à fait en dehors de notre pouvoir, un acte de notre volonté plénière. Votre père, sachez bien, vous fait surveiller scrupuleusement depuis quelques jours, depuis qu'on lui a donné du soupçon. Vous ne tarderiez pas à être surprise par ses espions;... que Dieu vous en garde! vous seriez perdue, et votre mère aussi.

— Hélas! que ne me demandez-vous une chose possible.

— Je n'exige rien de vous, ma fille; je vous prie seulement d'éviter un piége, je vous prie seulement de vous garder d'un abyme de maux; je vous supplie d'avoir pitié de moi!

Oppressée et sanglotante, Déborah tomba aux pieds de sa mère, et, dans cette pose, demeura taciturne et morne comme une sculpture. Après ce long silence, relevant la tête et soulevant ses paupières, elle dit froidement : Je ferai selon votre désir, ma mère, je me garderai de cet abyme de maux; accordez-moi seulement une grâce?

— Parlez, ma fille.

— Permettez-moi de revoir encore une seule fois M. Patrick, pour lui dire adieu, pour lui apprendre son arrêt au moins de ma bouche? Cette nuit, nous avons rendez-vous dans le parc : j'irai, je lui dirai tout!...

— Déborah, laissez que je vous presse sur mon cœur! je savois bien que vous étiez bonne. Ainsi, dorénavant, vous cesserez toute entrevue?

— Je vous le jure.

— Puissiez-vous toujours vous maintenir en aussi sage disposition; puisse ce changement ne pas être passager, votre mère sera bien heureuse ! Ainsi vous ne démentirez pas mes dénégations ? J'ai répondu à votre père de votre bonne conduite. Bientôt ses soupçons tomberont, et, honteux de vous avoir accusée faussement, peut-être reviendra-t-il à la douceur.

Il est juste, en effet, de prévenir ce pauvre garçon, et de le prévenir avec ménagement; ce seroit mal en effet de rompre malhonnêtement avec lui, et de le jeter dans l'inquiétude. Allez, une dernière fois, à votre rendez-vous; mais prenez garde de vous laisser surprendre par les gents de votre père.

Voici la cloche du déjeûner. Vite, retournez dans votre appartement : de là, comme de coutume, vous vous rendrez à la salle. Évitez d'avoir l'air embarrassé; il faut que votre père ignore ce qui vient de se passer entre nous.

Durant ces dernières paroles la comtesse Cockermouth tenoit embrassée Déborah, qui, préoccupée, restoit froide, semblant souffrir de ces caresses, et les recevoir de l'air paterne avec lequel on reçoit des félicitations non méritées.

IV.

DÉBORAH passa quelques instants devant son miroir à rajuster sa robe froissée et ses attifets en désordre; elle s'en éloignoit, elle s'en rapprochoit; elle se regardoit et se regardoit encore; elle cambroit sa belle taille, et tournoit sa tête sur l'épaule pour voir si sa démarche se rassuroit. Elle essuyoit ses joues rayées par les larmes. Enfin, au second appel du déjeûner, croyant avoir assez bien dissimulé les traces de son émotion, elle prit le chemin de la salle. Pour gagner plus de calme, elle marchoit lentement encore et s'arrêtoit à chaque degré de l'escalier, échauffant de son haleine son mouchoir et l'appliquant sur ses yeux comme un collyre pour boire l'humidité de ses paupières.

— Vous vous faites attendre, Debby, dit la comtesse, lorsqu'en entrant elle faisoit la révérence à son père, qui, tout en affectant de ne pas s'occuper de son arrivée, laissoit tomber sur elle un regard lui enjoignant de supprimer ses politesses.

Sans plus de présages, Déborah pressentit la tempête; et, tremblante comme un oiseau surpris par l'orage, vint se blottir sur sa chaise.

Le comte Cockermouth acheva de la décontenancer en la considérant sévèrement, et en chuchotant tout bas à l'oreille de la comtesse :

— Ne remarquez-vous pas, mylady, l'extérieur fatigué de mademoiselle votre enfant? ses yeux ternes, ses paupières rouges? Tout cela sent la veille. Je suis sûr, quoique Chris ne l'ait pas entendue, qu'elle a passé cette nuit à la belle étoile. Tant va la cruche à l'eau qu'enfin elle se brise. Ventre de papiste! ça tourne à mal!...

Vous n'avez donc pas appétit, mademoiselle? vous ne mangez pas, vous pignochez.

— Il est vrai, je n'ai pas faim, mon père.

— Cela est très-simple, dit tout bas le comte à son épouse, quand on a fait un médianoche.

Êtes-vous malade, mademoiselle?

— Non, mon père.

— Alors, quel train menez-vous donc, vous avez la mine d'une déterrée.

— Je ne suis pas malade, mais je suis indisposée. Tout à l'heure il m'a pris une défaillance dont je ne suis pas bien revenue.

— Cela est très-simple, dit encore tout bas le comte à la comtesse: tant va la cruche à l'eau qu'enfin.... Ventre de papiste! ça tourne à mal! Si je ne me retenois j'écraserois cette petite....

Ah! mademoiselle a des défaillances!... Madame, faites sortir votre fille ; je ne veux pas de cette catin à ma table! Allons, sortez! Je vous défends de remettre les pieds n'importe où je pourrois être; je vous défends de reparoître ici. Sortez donc!

— Mon père ! mon père !... répétoit Déborah baignée de larmes.

— Sortez donc !... répétoit Cockermouth.

— Mais, que vous a fait ma fille, monsieur le comte ?...

— Vous tairez-vous, madame la souteneuse !...

En criant ses dernières injures, il lançoit contre sa fille, à l'instant où elle sortoit, un pot d'étain qui l'atteignit à l'épaule et lui fit pousser un long gémissement. Dans sa fureur, il se leva de sa chaise avec tant de violence que la table soulevée par sa panse énorme fut renversée. Puis, il se précipita hors de la salle en brisant tout sur son passage, et s'enferma dans son appartement.

Échappée à cet esclandre, Déborah se retira chez elle. Là, accablée de douleur, elle tomba sur un canapé, où l'obsession des fantômes du désespoir l'assoupit. Ce n'étoit pas cependant qu'un pareil spectacle fût chose nouvelle pour ses yeux et pour son cœur ; dès son enfance elle avoit assisté au martyre de sa mère ; mais ici, elle étoit plus que figurante, elle se voyoit au premier acte d'un rôle dont elle redoutoit le dénouement.

Le valet qui vint lui apporter son dîner la trouva dans le même désordre, encore endormie sur le canapé. Sous sa serviette elle découvrit un billet non signé, mais de la main de sa mère, contenant ceci seulement :

« Si vous avez besoin de quelque chose, faites-le-moi demander par qui vous apportera votre nourriture ? Si vous allez cette nuit où vous devez aller, vous ne sauriez trop prendre de précautions : vous risquerez beaucoup. Ne seroit-il pas prudent de vous en abstenir, et demain de faire parvenir votre congé à M. Patrick ? Au nom du ciel, faites cela ! »

— Ton congé !... Patrick, mon amour, ma vie !... Te donner congé, Patrick ! — s'écria Déborah en achevant de lire ce billet. — Oh ! c'est là de ces choses auxquelles mon esprit se refuse, c'est là de ces devoirs que ma foible intelligence ne peut comprendre, c'est là de ces pensées dont mon âme s'effarouche !... Te donner congé, Patrick ! conçois-tu ?... Contremander ma passion : on contremande ce qu'on a commandé ? qu'ai-je commandé ? dites-moi ? On congédie ce qu'on possède, ce dont on est las. Mais donner congé au vautour qui nous tient dans sa serre, au geôlier qui nous charge de chaînes ; mais donner congé à la puissance qui nous possède, non !... — L'enfant peut briser son jouet, mais le jouet peut-il briser l'enfant ?... Eh ! que suis-je !... — Une meule peut-elle se broyer elle-même ? Un arbre peut-il se déraciner ? Une vallée peut-elle dominer le mont qui la domine ?... Et moi ! puis-je engouffrer l'abyme qui m'engouffre ?... — Oh ! c'est là de ces choses auxquelles mon esprit se refuse ! Oh ! c'est là de ces pensées dont mon intelligence bornée s'effarouche ? — Moi ! te donner congé, Patrick ! comprends-tu ?

Après avoir rongé un morceau de pain trempé de ses pleurs, et jeté un peu d'eau sur le feu de sa poitrine, Déborah s'enveloppa d'un manteau, et suivit un long corridor aboutissant à une antique tourelle, encastrée dans des constructions modernes et nommée pour sa position *Tour de l'Est;* de fortification qu'elle avoit été, elle étoit devenue belvédère, et ses créneaux avoient cédé place à une riche balustrade. On découvroit de cette terrasse excessivement élevée un sombre et lugubre paysage : au midi et à l'est, une plaine infinie, noire et rouge; noire à l'endroit des tourbières, rouge à l'endroit des *bogs;* peu d'arbres, des genêts et des bruyères et quelques huttes informes à demi enterrées. — Au nord et à l'ouest des chaînes de rochers chauves, semblant de hautes murailles ébréchées par la foudre, bordoient l'horizon; çà et là des ruines de tours, d'églises et de monastères, charmoient le regard et plongeoient l'âme dans le passé.

De ce côté un déchirement dans les rochers, forme une gorge profonde, étourdissante à voir. Dans le creux de cette *Gorge du Diable,* comme on l'appelle, coule un torrent étroit, n'ayant qu'une seule rive, où passeroit à peine un chariot. A mi-hauteur des roches il s'élance avec fracas de la bouche d'une caverne, ce qui ajoute encore au caractère infernal de ce lieu.

L'eau de ce torrent, froide en été, chaude en hiver, jouit d'une grande célébrité parmi les villageois des environs, qui lui attribuent toutes sortes de cures merveilleuses. Mais sa propriété la plus incontestable est celle, quand on a l'imprudence de s'y baigner, de guérir de la vie.

La description ne pourroit donner qu'une idée ingrate du bel effet d'un soleil couchant apparoissant à l'extrémité de cette gorge rétrécie encore par la perspective, du bel effet de ce long corridor sombre, terminé par un portail d'or resplendissant, dont le disque étincelant du soleil semble la rose gothique.

C'est là le merveilleux spectacle que Déborah se plaisoit à venir contempler du haut de la *Tour de l'Est*, spectacle dont, autrefois avec Patrick, elle ne s'étoit jamais rassasiée.

Que d'heures ils avoient passées là, touts deux, dans la méditation et l'exaltation! Quels lieux auroient pu lui être plus chers? Pas une pierre, pas une dalle où Patrick n'eût gravé leurs chiffres entrelacés, ou quelques dates pleines de souvenirs et de regrets.

Là haut, montés sur cette tour, ils ne pouvoient être entendus que du Ciel : le Ciel est discret confident, le Ciel n'est pas railleur, le Ciel n'est pas perfide.

Et puis, du haut de cette tour, l'œil de Déborah tissoit une toile de rayons d'or pareille à une toile d'araignée : un rayon partoit de la grange de Patrick, un autre du *Saule creux du Torrent*, un autre des ruines du Prieuré devenu cimetière, cent autres de cent autres lieux où ils avoient herborisé ensemble, où ils avoient lu quelque livre de prédilection.

V.

L e timbre fêlé du manoir ayant dit une heure du matin, Déborah, jetée toute vêtue sur son lit, se leva sans bruit et sans lumière, longea le grand corridor de la *Tour de l'Est*, et descendit jusqu'à une poterne ouvrant sur les fossés à sec du château. Vers l'entrée du parc, à l'aide de quelques arbustes, elle gravit sur la contrescarpe, puis, pour n'être point dépistée, au lieu de suivre la route ordinaire, menant directement à la *Gorge du Diable*, elle prit un sentier tortueux et presque impraticable.

Plusieurs fois il lui sembla entendre un léger bruit sur ses traces, et s'étant retournée, et n'ayant rien apperçu, elle imagina que ce pouvoit être quelque animal sauvage, ou simplement l'écho de ses pas. Le ciel étoit clair, mais il étoit impossible de rien distinguer à travers les buissons de ce sentier inculte. Parvenue au torrent, elle reconnut dans le lointain la voix de Patrick, qui chantoit une ancienne mélodie sur l'attente. A ce chant elle tressaillit de joie, et quand elle ne fut plus qu'à peu de distance du *Saule creux*, leur rendez-vous, elle cria le mot de ralliement habituel :

— To be!...

— Or not to be!...

répondit la voix qui chantoit. Et aussitôt un grand jeune homme enveloppé d'une cape sortit des halliers et lui vint au-devant.

— Je vous salue, Déborah pleine de grâce et d'exactitude, dit-il affectueusement en lui prenant une main, qu'il baisa.

— *My lord* est avec moi, répliqua-t-elle en s'inclinant, je suis bénie entre toutes les femmes.

Pat, mon doux ami, qu'il me tardoit de vous revoir! Oh! si vous saviez! j'ai tant de choses à vous apprendre! tant de choses se sont passées depuis notre dernière entrevue! Pauvre ami, vous chantiez, vous aviez du contentement au cœur. Pourquoi faut-il que je vienne troubler cette félicité! Haïssez-moi, Patrick; je suis votre mauvais Génie.

— Non, vous êtes mon Ange, et je sais tout. Ce soir j'errois à l'entrée du parc, tourné vers la *Tour de l'Est*, où je croyois vous appercevoir, quand, dans l'allée d'Ifs, je rencontrai madame la comtesse votre mère, qui se promenoit seule. Après m'avoir fait le plus gracieux accueil, peu à peu, avec de grandes préparations, elle en vint à me parler de ce qui se passoit, et à me prier de rompre à jamais avec vous, puis, elle en vint à me faire de violents reproches pour avoir conservé des rapports secrets, et pour avoir trompé sa vigilance; puis, enfin, elle m'intima, elle m'ordonna solemnellement de cesser nos relations. « Je ne suis pas insolente, je ne veux pas vous humilier, m'a-t-elle dit en me quittant, mais quand on s'oublie jusqu'au point où vous vous oubliez, il est bon de faire ressouvenir! Pat, ajouta-t-elle en me tutoyant d'un air de mépris, où en veux-tu venir? Déborah, c'est ma fille! c'est la comtesse Cockermouth! Et toi, Pat, tu n'es qu'un lourdaud! »

— Vous, maltraité ainsi, Patrick! Oh! je vous demande pardon des calices amers que je vous fais boire. Et c'est pour moi, et c'est à cause de moi que vous souffrez de telles angoises!... Mais, grand Dieu! qu'avez-vous donc, Patrick? votre visage est tout balafré?

— Madame la comtesse votre mère venoit de s'éloigner : je m'enfonçois plus avant dans le parc, tête basse, marchant plongé dans de fâcheuses rêveries, quand j'entendis le galop d'un cheval remontant la même avenue : c'étoit le comte, qui faisoit manœuvrer Berebère, sa belle cavale. Aussitôt qu'il m'apperçut; il piqua des éperons, vint droit à moi, me frôla au passage en me saluant d'un seul mot, *porc!* et me brisa sa cravache sur le front.

— Pauvre ami!... De grâce, Patrick, ne vous appuyez pas sur cette épaule; je suis blessée.

— Vous aussi, Debby?...

— Ce n'est rien : une chute.... Non, Pat, je vous trompe, c'est aussi une violence de mon père. Ce matin, au déjeuner, il m'a lancé un pot d'étain, qui, heureusement, ne m'a frappé que l'épaule.

— Noble amie, vous le voyez, c'est de moi que

découlent touts vos maux; il est temps enfin que je tarisse la source de vos douleurs.

— Non, en vérité, vous n'êtes point la source de mes maux, non plus que moi la source de vos souffrances. Maux et souffrances, joie et bonheur nous sont communs comme à toute double existence confondue, comme à toute vie accouplée. Ma destinée s'est mêlée à la vôtre, la vôtre s'est mêlée à la mienne; si l'une des deux est fatale, elle entraînera l'autre : tant pis! Qui vous frappera me heurtera, qui vous aimera m'aimera; tout est doublé et allié par l'amour, mal et bien. L'orage qui renverse le chêne renverse le gui; le chêne ne dit pas au gui, je suis cause de tes maux; le gui ne dit pas au chêne, j'ai enfanté ta ruine; ils ne disent point, je soufre et toi aussi : ils disent, nous souffrons.

Patrick, ne demeurons pas en ce lieu touffu; ma mère m'a fait promettre que nous nous tiendrions sur nos gardes. Si par hasard nous avions été suivis, on pourroit, se glissant parmi ces taillis, nous approcher et surprendre notre conversation. J'ai des choses à vous demander qui veulent un profond secret. Gravissons sur le coteau, montons à la clairière, nous nous y assiérons sur ce roc isolé, où nous ne pourrons être ni approchés, ni trahis.

— Nous ne sommes encore que dans l'adolescence, Debby, et voici déjà que, semblables aux vieillards, désormais nous n'allons vivre que de souvenirs. Depuis longtemps notre bonheur déclinoit; aujourd'hui, il a passé sous l'horizon; aujourd'hui, notre astre s'est couché. La nuit et toutes ses horreurs va descendre en notre âme. — Mais l'avenir comme le présent est à Dieu : que sa volonté soit faite !

Combien il est déjà loin de nous ce temps où nous pouvions ensemble prendre librement nos ébats ; ce temps où l'aristocratie n'avoit point encore tracé un sillon entre nous, et n'avoit point dit : Ceci est noble, et ceci est ignoble ; ceci est de moi, et ceci est du peuple ; ce temps où mes caresses n'étoient point une souillure, où ma compagnie n'étoit point un outrage ; combien il est loin de nous aussi ce temps postérieur où, durant les absences de votre père, quoique avec réserve et discrétion, il m'étoit permis de vous aimer, de vous voir, d'étudier dans vos livres et d'herboriser avec vous par les bois et par les montagnes. Qu'avec plaisir je me rappelle nos petites querelles botaniques, nos controverses sur le classement de nos herbiers, sur le genre, la famille et les vertus pharmaceutiques de nos simples. Que de soins nous apportions à nos jardinets, que de sollicitude pour nos pépinières !...

Aujourd'hui, un fossé est creusé entre nous ! fossé que la noblesse a tracé autour d'elle, comme Romulus autour de sa ville naissante ; fossé que l'on ne peut franchir comme Rémus qu'aux dépens de sa vie. Ce n'est pas que je reculerois devant un abyme, si je n'entraînois une femme en ma chute, et si cette femme, Debby, n'étoit vous ! Que Dieu me garde à jamais d'être pour vous une pierre de scandale !

— Mais, c'est maintenant que nous sommes dans

le profond de l'abyme, et qu'il faut que nous en sortions touts deux; me comprenez-vous Patrick?

— Aussi bien que vous m'avez compris.

En disant cela il se leva, et se mit à marcher à grands pas et silencieusement dans la bruyère. Déborah, silencieuse aussi, resta accoudée sur le roc.

A la pâle lueur de la lune, errant dans les broussailles, il apparoissoit comme une figure cabalistique, ou comme l'inévitable voyageur pittoresque dont les peintres animent la solitude de leurs paysages.

Mac-Phadruig, ou Patrick Fitz-Whyte, étoit grand et d'une noble prestance; il avoit de beaux traits, des yeux bleus, un teint blanc, une chevelure blonde; des manières polies et bienséantes; rien de rustique, ni dans son port, ni dans sa voix. Pour posséder tout à fait l'allure d'un fils de château, il ne lui manquoit qu'une seule chose, un peu de grossière impudence.

Son costume simple, mais d'une riche tournure, se rapprochoit de l'ancien costume du pays. Il portoit de longues tresses blondes, en manière de *gibbes* ou *coulins*, et un bouquet de barbe sur la lèvre supérieure, en manière de *crommeal*. Ces modes irlandoises, proscrites depuis Henri VIII et depuis longtemps abandonnées, lui donnoient un air étranger au milieu de ses compatriotes *dressés* à l'angloise.

Cette chose si louable, de se rapprocher le plus possible de ses ayeux qu'on aime, de se faire le culte vivant d'un temps qu'on regrette, n'étoit ni comprise ni goûtée; loin de là, elle le faisoit passer pour un fou. Déborah seule l'applaudissoit en cela; pour tout au monde elle n'auroit pas voulu voir son *Coulin* affublé en Londrin, en *cokney*.

Les jeunes filles, autrefois, appliquoient ainsi le nom de *Coulin* à leur bien-aimé. Déborah, éprise de ce vieux mot d'amour, se complaisoit à le donner à Patrick; et ce mot, dans sa bouche, devenoit une caresse. Celui qui a surpris sur les lèvres d'une Provençale le doux nom de *Caligneiro*, celui-là seul peut concevoir touts les charmes de *Coulin* dans la bouche de Debby. Il y a de certains mots si suaves, modulés par une amante, que nul instrument ne pourroit soupirer une note plus mélodieuse. Ce sont de dangereux parfums qui enivrent. Ce sont les plus terribles armes des Dalilah.

Autant les petites modes hebdomadaires, créées à l'usage des mirliflores et des muguets, sont pitoyables choses, autant les modes autocthones ou indigènes, patrimoniales et nationales, sont de hautes et de graves questions. Les tyrans et les conquérants les ont toujours envisagées ainsi, et ils les ont justement envisagées. Un peuple en captivité qui ne parle point la langue de ses vainqueurs, qui garde religieusement le costume de ses pères, est un peuple libre, un peuple invaincu, un peuple indomptable. Ce ne sont pas les citadelles qui défendent un territoire, ce sont les mœurs de ce territoire. Si les législateurs avoient eu la finesse des tyrans, ils auroient classé dans les traîtres à la patrie, et puni de mort, quiconque change et modifie le costume de sa nation ou singe celui des peuples étrangers. L'incorporation du peuple conquis au peuple conquérant ne se fait point par l'alliance et le croisement des races, mais par l'unité du costume et du langage. Quand les Moscovites défendoient leur barbe et leur robe contre le czar Pierre, ce n'étoit pas leur barbe et leur robe qu'ils disputoient, mais leur liberté. L'abandon de leur costume, où a-t-il conduit les Polonois? Quand Henri VIII proscrivoit les *gibbes* des habitants de la verte Erin, quand il proscrivoit leur langue et leurs *minstrels*, ce n'étoit pas cela qu'il proscrivoit, c'étoit la liberté de l'Irlande qu'il assassinoit sans retour. Quand aujourd'hui le sultan Mahmoud se morfond à *russifier* et à *franciser* ses Turks, il ne s'agit pas de turban ou de chapeau, de redingote ou de caftan, d'hydromel ou de vin, il ne s'agit rien moins que du meurtre de l'Orient!

Si le plus grand soin d'un tyran est de niveler les aspérités nationales et locales qui enrayent les roues de son char, le premier soin aussi d'une nation qui se réveille, d'une nation qui s'essaye à briser ses fers, est de reprendre ses dehors primitifs : ainsi les Moréotes évoquèrent jusqu'à leur nom d'Hellènes.

Lorsque les étudiants allemands cherchèrent à ressusciter l'ancienne allure germanique, ce que blâmoit fort M. de Kotzbue, ils frappèrent au cœur la tyrannie; et les tyrans, à ce manifeste, tremblèrent sur leurs trônes augustes, et décrétèrent de par Dieu la tonte des longues chevelures et des fines moustaches.

Le costume est la plus frappante manifestation des sentiments et de la volonté de l'individu et de la nation, c'est une permanente réclamation de leur valeur et de leurs droits.

Patrick avoit tout le bon du caractère des Irlandois, doux, polis, hospitaliers, généreux, patients à la souffrance, hardis à l'entreprise, courageux et impétueux à l'exécution; d'une naïveté spirituelle, et parfois satirique ; plus faciles à tromper qu'à détromper; aimants, attachés, fidèles et vrais ; ne se tenant jamais pour battus, ne pactisant jamais avec l'iniquité ; la gorge sous le pied de leur ennemi rêvant encore l'insurrection. Pâte mauvaise à faire des esclaves, mais plantureuse à faire des commensaux. Religieux par désespoir, comme touts les opprimés ; n'appréciant pas la vie, comme touts les misérables ; de là, soldats inappréciables.

Le séjour de Patrick au château pendant son enfance, son contact avec des gents de qualité, l'éducation féminine qu'il avoit partagée avec son inséparable Déborah, lui avoient donné l'exquis du bon ton : une élocution facile et choisie, de la représentation et de la réserve : toutes choses contrastant avec ses vêtements rustiques.

Son amour pour Déborah n'étoit point le fruit de l'orgueil ou d'une sotte présomption. Il étoit fort antérieur à tout raisonnement, il datoit des premiers pas dans la vie. Une attraction fortuite, magnétique. avoit rapproché deux êtres isolés et frêles, voilà tout. Ils étoient passifs et sympathiques d'amour, mais non pas savants en amour. L'aimant subit sa loi naturelle sans plus de malice, sans savoir un mot de magnétisme : ce sont les savants, et non l'aimant, qui raisonnent. Quoique leur sentiment fût inaliénable, ils n'avoient eux-mêmes aucun document sur son intensité : ce n'est que par l'expérience et la comparaison qu'on arrive à fixer en son esprit la valeur des choses : toute valeur n'est que relative.

Leur amour n'avoit point les dehors d'une passion; il n'avoit point de symbole extrême et violent; c'étoit un état doux, égal, constant; c'étoit une affection stagnante qu'ils croyoient sans doute inhérente à leur nature, et, comme le souffle et la nutrition, une condition absolue de leur existence. Mais, non, à parler plus simplement, ils ne croyoient rien; nonchalants du *pourquoi?* ils n'analysoient rien; c'est moi réthenr, qui crois et qui analyse. Ils étoient passifs d'amour, et voilà tout!

Si la compagnie de Déborah avoit efféminé Patrick, celle de Patrick avoit donné à Déborah un peu de ce maintien cavalier, qui, bien loin de déparer les grâces pudiques, les rend plus amènes.

Déborah s'exprimoit mieux que Patrick, mais elle comprenoit moins bien; mais elle ne saisissoit pas un ensemble, mais elle ne résumoit pas. Elle s'enflammoit et exécutoit tout d'abord : Patrick pesoit tout d'abord, exécutoit quelquefois, et s'enflammoit à la longue. Toutes ses sensations étoient extrêmes, joie et douleur; elle se laissoit abattre volontiers : toutes les sensations de Patrick étoient profondes; le doute pouvoit l'atteindre et l'affecter, mais nulle chose au monde n'avoit puissance de l'abattre. De la sensibilité spontanée et exclamatoire de Déborah découloit sa raison : la raison de Patrick engendroit sa sensibilité tardive et froide : l'une étoit concrète et l'autre abstraite.

Les lignes des traits de Patrick étoient tangentes à la terre; celles des traits de Déborah tangentes à l'opposite. Son incarnat étoit brun pour une Anglo-Irlandoise, ses yeux et ses sourcils étoient noirs; et si ses cheveux n'avoient pas été échafaudés, saupoudrés, enrubanés, elle auroit eu le plus beau diadême, une longue chevelure de jayet.

En somme, elle étoit plus constamment active que Patrick, plus déterminée par moins de prévoyance et, comme lui, rêveuse d'aventures.

Après un long intervalle silencieux, Patrick, cessant d'errer dans les genêts, s'approcha de sa noble amie, toujours immobile et toujours accoudée sur le roc, comme une pleureuse de marbre sur un cénotaphe, comme une des lugubres statues des tombeaux de Canova.

Et, lui prenant doucement la main, il s'assit auprès d'elle.

— Oh! combien la nuit et l'ombre portent au recueillement, Debby! Oh! qu'à regret on trouble de ses causeries son beau silence! L'influence des scènes extérieures sur notre âme est telle, que, dans le calme des nuits, involontairement on parle à voix basse, comme, sous les voûtes sombres d'une église, un impie saisi malgré lui de respect par la majesté du lieu.

— Oui, cela est vrai, l'obscurité nous fait rentrer

en nous-mêmes, notre corps s'y amoindrit, s'y resserre, et l'expansion même y prend un caractère mystérieux.

— Tantôt, Debby, lorsque je vous parlois par figures, lorsque je vous faisois de belles phrases, je vous disois que la morgue de la noblesse avoit creusé entre nous deux un fossé que nous ne saurions franchir qu'au prix de notre vie comme Rémus; je ne parlois pas juste : n'est-il pas toujours quelque moyen d'éluder la loi la plus textuelle ? Obliquité et longanimité font plus qu'emportement et bravade. Si nous comblions ce fossé au lieu de nous risquer à le franchir, n'agirions-nous pas beaucoup plus sagement?

— Oui, sans doute.

— Je partirai, Déborah !

— Nous partirons !... Béni soit Dieu, qui nous a inspiré à touts les deux la même résolution ! Oui, Patrick, il faut que nous partions !

Ce qui me fait un devoir de partir, me fait aussi le devoir de partir seul. S'il seroit mal à moi de ne pas m'éloigner de vous maintenant, il seroit encore plus mal à moi de vous entraîner, de vous arracher à votre famille, de vous enlever à l'opulence, pour ne vous offrir en échange que le sort hasardeux d'un malheureux exilé, et les chances de misère qui m'attendent peut-être. Je me sens capable de tout endurer, excepté de vous voir souffrir.

— Ceci, Phadruig, est une fausse générosité : vous ne pourriez endurer me voir souffrir, dites-vous ? et vous pourriez endurer me savoir souffrante. Votre générosité ressemble fort à celle de l'assassin qui frappe en détournant la vue.

— Avant de me juger si sévèrement vous auriez dû au moins me laisser achever ma proposition, et vous auriez compris alors que, si dans mon fait il n'y a pas de générosité, au moins y a-t-il de la sagesse. Un enlèvement, un rapt est certainement une fort belle aventure de roman; mais, je vous en prie, devenons graves. Nous voici conspirateurs, mon amie, laissons le merveilleux de côté. Au point où en sont les choses aujourd'hui, l'heure de prendre un parti est venue. Il nous seroit impossible dorénavant de conserver sans périls le plus rare et le plus secret rapport, et toute rupture nous est impossible tant que touts deux nous habiterons cette terre; quittons-la; nos pas n'y fouleroient plus que des ronces. J'avois donc pensé qu'il seroit bien que je partisse seul et le premier, et que je me rendisse en France, où les gents de notre pays sont aimés et accueillis; où je compte quelques compatriotes amis dans l'armée, dans les régiments irlandois surtout, et dans le clergé. Avec leur secours et leur recommandation je trouverai facilement place dans une compagnie, où, avec la grâce de Dieu et mon épée, je tâcherai de faire mon chemin. La France n'est pas ingrate envers ces adoptifs, envers ceux qui comme moi lui vouent leur courage et leur sang. Aussitôt que j'aurai un emploi, aussitôt que je me croirai solidement établi, je vous le ferai savoir secrètement, et vous pourrez alors venir me rejoindre en toute sécurité.

— Non, Patrick, non ; quelle que soit la sagesse de cet arrangement, je n'y consentirai jamais. Nous partirons ensemble, je ne puis être séparée de vous ; je vous en supplie, ne me laissez pas ici, je mourrois ! D'ailleurs, je ne puis pas ! c'est impossible ! il faut que je m'arrache à cet enfer ! Mon père doit prochainement me présenter encore un futur, un prétendu de son goût. Si je jette mon refus à celui-là comme aux autres, il a le projet de me faire incarcérer dans une maison de correction d'Angleterre. Vous le voyez, ceci ne nous laisse pas le choix ; il faut absolument que je parte et bientôt.

— S'il en est ainsi, Déborah, je n'ai plus qu'un seul mot à dire : fuyons !

— De mon côté, aussi, j'avois fait maints projets, et quand je demandai à ma mère à venir encore à ce rendez-vous, qui seroit le dernier, c'étoit pour y dresser avec vous le plan de notre fuite. Je m'étois dit ! si mon bien-aimé Pat veut consentir à s'exiler avec moi, quand j'aurai pu rassembler mes bijoux et mes objets les plus précieux, quand lui-même sera prêt, et que nous n'aurons plus aucun obstacle, une belle nuit, nous nous évaderons de Cockermouth-Castle et nous ferons voile pour la France. J'avois aussi pensé à la France. Là, nous vivrons d'abord du peu que nous aurons pu emporter. Quand nous aurons épuisé nos ressources, nous donnerons des leçons d'anglois ; nous ferons n'importe quoi, jusqu'à ce que je sois majeure pour demander compte à mon tuteur des donations de biens de mon grand-père.

— O Debby, ma Debby, quel bonheur! conçois-tu?... Comme sous un beau ciel notre amour va déployer ses ailes!... Là du moins nous serons tout à nous; là du moins notre amour ne sera plus un crime commis dans les ténèbres; nous pourrons nous aimer devant touts; nous pourrons sortir tête haute dans la ville, nous pourrons paroître touts deux aux fenêtres. Tu pourras dire : Celui-ci, qui s'en vient, est mon époux. Je pourrai dire : Cette mère si belle qui allaite un enfant est mon épouse, et cet enfant est notre fruit. Là ton amour portera sur un homme, et non sur un hilote abject. Là, qui me coupera la face de sa cravache, je lui couperai la gorge! A ces seules espérances, je sens déjà mon âme qui se redresse avec la violence d'un peuplier courbé jusqu'à terre par une rafale. — Hélas! je ne puis croire que tant de joie me soit réservée! Tout cela n'est qu'un rêve : attendons le réveil; tout cela n'est que de la poésie que le moindre vent balayera comme des fanes d'automne...

— Taisez-vous, Patrick, pourquoi ces doutes injurieux envers l'avenir? Pourquoi, au moment où notre bonheur se réalise, le traiter de faux espoir? Qu'avons-nous fait à Dieu, pour qu'il nous refuse cette félicité?

L'horloge sonne; écoutons : déjà deux heures. Le temps nous presse, Patrick, hâtons-nous de nous occuper de notre fuite : vous le savez, c'est notre dernière entrevue. Quand partirons-nous?

— Je suis prêt et tout à vos désirs : quand vous voudrez; dans huit jours, plus tôt même.

— Nous partirons la nuit, pour plus de sûreté.

— A minuit : voulez-vous ?

— Patrick, une bonne pensée me vient ! Maintenant que nous allons être espionnés rigoureusement, nous ne saurions prendre trop de soin pour ne point faire échouer notre entreprise à l'instant de l'exécution ; le quinze de ce mois est l'anniversaire de la naissance de mon père ; ce jour-là le château est tout en fête : comme tu sais, il y a grande affluence d'étrangers : les domestiques ont de l'occupation à en perdre la tête : la surveillance sur nous sera impossible. Je pourrai à mon aise dresser mes préparatifs. Le soir, il est d'usage de servir un grand souper à toute la noblesse de la contrée.... Prenons ce moment pour notre fuite, elle sera sûre : dans la foule on me perdra de vue, et nous serons déjà loin sur la route quand on s'appercevra seulement de mon absence.

— Bien, Debby, très-bien ! merveilleusement pensé.

— Ainsi, Phadruig, le quinze de ce mois, à neuf heures précises, trouve-toi à l'entrée du parc : j'y serai.

— Oui, à l'entrée du parc, au pied de la terrasse, dans le chemin des saules.

— Cela est entendu ?

— Irrévocablement.

— Patrick, me voici à toi, je me donne à toi !... A genoux, inclinons-nous : — Dieu, qui habitez en notre cœur, bénissez notre union, bénissez notre amour; bénissez Déborah, qui se fait devant vous servante de Patrick, de Patrick, votre fidèle serviteur, son époux d'élection parmi les enfants des hommes! Dieu, protégez-le! dirigez-le et emplissez-le de votre esprit; car l'épouse suivra l'époux, mais l'époux, qui suivroit-il!

— Nature, terre, ciel, soyez témoins : pour la vie et pour l'éternité, que Déborah soit mon épouse et ma compagne; que je sois l'époux de mon épouse : ce sont nos vœux! Dieu, défends-moi! Dieu, protége-moi! et je défendrai et je protégerai celle qui se donne à moi sans défense.

— Donne-moi ton doigt, Patrick, que j'y passe cette bague : mon grand-père la portoit, et en expirant il me l'a léguée comme dernier, comme suprême souvenir : c'est une relique sacrée pour moi; j'y tiens comme à ma vie, et c'est pour cela que je te la donne : porte-la.

— Je vous remercie, mon amie. Oh, maintenant que je suis glorieux! Dans la vie et dans la tombe, que cette alliance demeure à mon doigt, où vous l'avez rivée! Oh! je suis fier de cette emprise comme un paladin.

— Voici déjà le ciel qui se blanchit à l'orient; ne nous laissons pas surprendre par l'aube; séparons-nous, Patrick : adieu, mon ami, adieu! jusqu'au jour où nous romprons nos fers.

— Adieu, Debby, adieu ma grande amie! adieu, mon amante; veillez bien sur vous. Si nous avons à nous écrire, nous déposerons nos lettres toujours au même lieu.

Solitudes, c'est pour la dernière fois que nous sommes venus vous troubler; vous ne serez plus éveillées par nos gémissements. Merci à vous, qui nous avez prêté tant de fois vos discrets ombrages! Nous vous délaissons à jamais pour une terre lointaine, qui comme vous nous sera hospitalière, et où notre amour trouvera, même au sein des villes et de la foule, le désert et la liberté que nous venions chercher au milieu de vos roches!

Un baiser, Debby.

— Mille!... Patrick! Patrick, mon beau Coulin!

Déborah, éplorée, avoit jeté ses bras autour du col de Patrick, qui la pressoit sur sa poitrine palpitante, et qui promenoit ses lèvres, encore timides, mais brûlantes, sur son front rejeté en arrière. Ils ne pouvoient rompre leur étreinte; ils ne pouvoient surmonter une attraction qui les lioit.

C'étoit leur premier embrassement, il fut long : entrelacés de leurs bras, bouche à bouche, ils descendirent la clairière dans un si fol enivrement qu'ils dépassèrent le rivage, et entrèrent dans le lit du torrent jusqu'à mi-jambes. Ce péril détruisit le charme qui les possédoit.

Patrick s'enfonça dans le parc, et Déborah reprit le sentier inculte par lequel elle étoit venue. Plusieurs fois, encore, il lui sembla entendre marcher sur ses traces; elle s'arrêtoit pour écouter, mais le bruit cessoit : comme, dans les prés, les cris des gryllons cessent aussitôt que des pas approchent. Plusieurs fois ce froissement la précéda, et des cimes de buissons parurent agitées d'une façon surnaturelle. Une ronce qu'elle frôloit lui enleva son écharpe flottant sur ses épaules : elle rebroussa chemin pour la reprendre; la ronce se balançoit, mais l'écharpe avoit disparu. Sa frayeur devint grande, et précipita sa marche. Arrivée aux derniers taillis du sentier, une explosion d'arme à feu éclata sur sa tête; l'étonnement lui fit jeter un cri et fléchir les genoux : mais, reprenant aussitôt courage, elle descendit dans les fossés du château pour regagner la *Tour de l'Est*. Là, grands dieux, quelle fut sa stupeur! la poterne qu'elle avoit refermée sur elle, en sortant, se trouvoit ouverte.

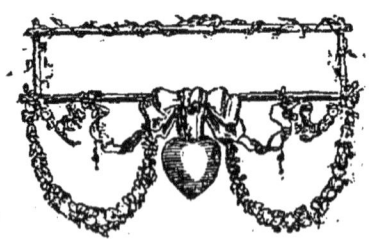

VI.

A huit heures du matin Chris entra dans la chambre du comte Cockermouth, lui apportant, suivant l'ordinaire, son dentifrice, c'est-à-dire un carafon de rum, qu'il vidoit avant le déjeûner. C'étoit là le seul cosmétique dont son maître faisoit usage.

— Eh bien, Chris, cette nuit, avons-nous fait vigie?

— Mon *commodore*, depuis que vous m'avez donné des lettres-de-marque, je n'ai pas cessé ma croisière; aussi, ai-je fait bonne chasse et bonne prise.

— Ventre de papiste! est-ce que...?

— Le doute n'est plus possible, mon commodore. Vers une heure du matin, j'entendis marcher dans le corridor de la *Tour de l'Est*, puis ouvrir et refermer la poterne; je m'élançai aussitôt à la poursuite de qui ce pouvoit être, suivant la même direction, mais à quelque distance. Quand, après avoir descendu par le sentier, j'arrivai à la grille du parc, je vis clairement, et de près comme je vous vois, mademoiselle Déborah qui côtoyoit le torrent. Lorsqu'elle fut proche du *Saule-creux*, un jeune homme parut tout à coup, et lui vint au-devant : c'étoit, je reconnus de suite sa chevelure et sa voix, monsieur le bouvier Pat ! — Ah ! mille trombes ! si je ne m'étois retenu, mon commodore, sauf votre respect, j'aurois volontiers logé quelques balles dans les reins de ce mirliflore !... A travers les broussailles, je m'approchai d'eux le plus possible, et j'écoutai : au bout d'une séquelle de choses qui n'étoient pas très-claires pour moi, j'entendis mademoiselle Déborah dire à Patrick : « Ne restons pas ici ; ma mère m'a recommandé de nous tenir sur nos gardes : si, par hasard, nous étions espionnés, on pourroit, caché dans ces taillis, nous écouter et nous entendre ; montons à la clairière. »

— Ventre de papiste ! as-tu bien ouï cela ?

— Oui, mon commodore, mot à mot. Ils montèrent donc sur la colline et allèrent s'asseoir sur la roche, au milieu des genêts ; là, obligé, pour ne pas me découvrir, de rester assez loin, j'entendois mal leurs dialogues ; cependant je puis vous affirmer, mon commodore, que ce brigand de Pat.... Ah ! si je ne m'étois retenu !...

— Ventre de papiste ! ça tourne à mal...

— Voici, mon commodore, le mouchoir de *my lord* Pat, oublié dans la bruyère, et l'écharpe de mademoiselle Déborah. Je suivois de près mademoiselle à sa rentrée, et, avec votre excuse, mon commodore, je lui ai fait une fameuse peur : caché dans un buisson au moment où elle passoit, j'ai tiré en l'air ma carabine : quelle frayeur ! mon commodore, je crois que ça la dégoûtera des maraudes nocturnes.

— Chien-de-mer! imbécile! au lieu de Déborah, c'est Pat qu'il falloit suivre pour lui décharger ta carabine dans la tête....

— Mon commodore, je ne fais rien sans votre ordre; si je n'avois craint de vous déplaire, volontiers, très-volontiers, j'aurois étranglé *master* Pat, à qui je garde rancune depuis long-temps. Tout à votre service, mon commodore!

Le comte rugissoit de colère, ses pieds rompoient les panneaux de son lit; ses poings frappoient la muraille.

— God-damn!... Et tu n'as pas tué Patrick!... hurloit-il. Lâche! va-t'en, va-t'en!

Tout à coup, il se jeta à bas du lit, en brisant sa table de nuit sur le plancher. Il ne se possédoit plus; son sang avoit reflué vers sa tête; ses regards étoient des coups de lance; il arpentoit la chambre traînant ses draps à sa suite; il agitoit ses jambes comme s'il eût voulu écraser quelque chose. Chris demeuroit pétrifié.

— Et tu ne l'as pas tué, Chris! hurloit-il de plus en plus avec rage; il écumoit. Va-t'en! te dis-je, va-t'en ! je te briserois!... Ne vois-tu pas ma colère? Va-t'en, je te tuerois!...

Chris sortit.

Lord Cockermouth, resta immobile un instant, puis soudain se saisit d'un cordon de sonnette, et l'agita violemment en se laissant tomber sur un fauteuil.

Presque aussitôt la comtesse accourut; appercevant

le désordre de son époux et le désordre de la chambre, elle demeura stupéfaite à l'entrée.

— Ne m'avez-vous pas sonnée, mylord? Grands dieux! que vous est-il arrivé? Qu'est-ce donc que tout ceci?

Cockermouth, à la voix de son épouse, releva sa tête abattue sur sa poitrine; vainement, il essaya de s'arracher à son fauteuil, la violence l'avoit exténué; sa voix, cassée par la colère, étoit sourde et rauque.

— Ah! c'est vous, madame!... Bien! toujours votre petit air candide qui vous sied à ravir. Je crois qu'à la potence même vous feriez l'ingénue. Bien! maintenant, prenez l'air patelin, *Saint hearted milk-soup!*

— Milord....

— Mylady.

— Qu'avez-vous, mon ami, parlez?

— J'ai à me louer de vous, *mistress;* vous êtes franche, sincère, soumise, obéissante; vous avez de nobles manières de voir et d'agir; vous ne sauriez déroger à votre rang ni à vos devoirs, vous ne sauriez forfaire à l'honneur de ma maison; vous êtes bonne mère, et de bon conseil et de bonne vigilance; recevez mes félicitations empressées

Toutes ces congratulations étoient dites avec emphase et ornées de rires outrageants.

— Comte, vos plaisanteries sont amères.

— Qui se sent blessé porte la main à sa plaie.

— Expliquez-vous.

— Vous comprenez très-bien.

— Mylord, c'est de l'apocalypse.

— Ah! vous vouliez me jouer, madame l'ingénue! Vous vous êtes toujours fait une loi d'enfreindre mes commandements; vous vous êtes toujours ri de mes désirs; vous n'avez jamais voulu conserver la moindre dignité, ni observer la plus populaire bienséance; prenez garde! vous me poussez à bout!

— Mylord, je ne sais en quoi j'ai pu pécher.

— Ah! vous vouliez me jouer! Ah! vous vous êtes fait une loi de prostituer ma fille! Vous ne la prostituerez pas!... Combien l'avez-vous vendue?

— Mylord, je suis mère! vous parlez d'une façon exécrable.

— Combien l'avez-vous vendue à M. Pat? Vous complotiez avec lui, vous facilitiez ses attentats, tandis que vis-à-vis de moi vous protestiez de son innocence, et repoussiez loin mes trop justes soupçons. Vous appelez cela de la finesse, sans doute. Madame, cette finesse-là mène à Newgate.

— Comte, vous m'outragez!.... vous m'accusez à faux!...

— Vous mentez, madame!

— D'où vous viennent ces idées monstrueuses?

— Monstrueuses! vous l'avez dit... Chris, cette nuit, a suivi votre fille dans le parc, et l'a vue avec Pat faire la tourterelle; il l'a entendue disant à ce bouvier : « Ne restons pas ici, ma mère m'a bien recommandé de nous tenir sur nos gardes... » Voici, mylady, d'où viennent ces idées monstrueuses! Qu'en dites-vous?

— Je vous supplie seulement de m'écouter, monseigneur; et vous verrez, malgré ces apparences, que ma conduite à été pure. — Quoique je ne pusse croire aux rapports de Chris, votre valet, craignant toutefois que vos soupçons ne vinssent à se confirmer, par foiblesse maternelle, j'avertis Déborah de vos doutes à son égard pour lui épargner les peines que lui feroit porter votre juste colère. Je l'interrogeai; elle m'avoua toute sa faute : depuis un an elle revoyoit Patrick, surtout au parc, dans des rendez-vous nocturnes : mais, en tout respect et tout honneur.

— Vous croyez!... Baste!...

— Ne calomniez pas ma fille, mylord; faites le joli plaisant, n'avez-vous pas honte de votre esprit grossier? Jamais vous n'avez pu comprendre le chaste commerce de deux âmes pour vous l'amour n'a jamais été qu'un faune ou un satyre.

— Un faune ou un satyre, en tout respect et tout honneur, mylady.

— Après les reproches et les avis que mes devoirs de mère me dictèrent, je la suppliai de rompre avec Patrick : elle me le promit à une seule condition : celle d'aller pour la dernière fois à un rendez-vous qu'elle avoit hier au soir même, afin de lire à Patrick son arrêt et de lui dire un éternel adieu. Elle m'accordoit tant que je ne pouvois lui refuser si peu. Je lui recommandai donc de se tenir sur ses gardes pour éviter vos espions, et ne pas perdre, par maladresse dans cette dernière entrevue, le fruit de ses bonnes résolutions. Voilà tout mon crime, j'en prends

Dieu à témoin ! jugez-le dans votre cœur. Quant à Déborah, je réponds d'elle, sur ma tête, à l'avenir.

— Sur votre tête !

— Elle a rompu à jamais ses relations avec Patrick ; pour ce qui est de ses liens moraux,... je ne sais : Dieu seul peut lire en notre âme !

— Elle a rompu à jamais ses relations !

— Oui, mylord.

— Vous croyez ?

— Pour certain !

— Je suis ravi de cela, comtesse.

— On obtient plus par la douceur et les prières, que par les menaces et les mauvais traitements.

— Vous croyez ?

— Pourquoi ces airs goguenards, mylord, je vous parle sérieusement : vous riez.

— Je souris du contentement que j'éprouve à penser que voici Déborah changée tout à mes vœux, tout à la gloire de ma race.

— Vous avez été mauvais fils : vous êtes mauvais époux, vous serez mauvais père, mylord.

VII.

LORD Cockermouth avoit touts les dehors d'un vrai pourceau d'Épicure. Quoique grand, il étoit d'une circonférence inconnue sur le Continent : deux hommes n'auroient pu l'entourer de leurs bras. Sa panse retomboit comme une outre énorme et lui battoit les jambes : il y avoit bien quinze ans qu'il ne s'étoit vu les genoux. Sa tête, tout à fait dans le type anglois, sembloit une caboche de poupard monstrueux. La distance de sa lèvre supérieure à son nez, court et retroussé, étoit hideusement démesurée, et son menton informe se noyoit dans une collerette de graisse. Il avoit le visage violet, la peau aduste et rissolée, les yeux petits et entrebâillés; et suoit le *roastbeef*, le vin et *l'ale* par touts les pores. En un mot, cette lourde bulbe humaine se mouvant encore avec assez d'aisance et d'énergie, étoit un de ces polypes charnus, un de ces gigantesques zoophytes fongueux et spongieux, indigènes de la Grande-Bretagne.

Pour raviver ses revenus, épuisés par une jeunesse crapuleuse, lord Cockermouth, sur le retour de l'âge, quoique Anglois de pur sang, avoit épousé la fille d'un riche Anglo-Irlandois.

Sir Meadowbanks, son beau-père, s'étoit promptement repenti de lui avoir livré sa fille par vanité d'une *alliance honorable;* et pour réparer ses torts avoit déposé une généreuse affection sur Déborah. Durant les absences de son gendre, plusieurs fois il étoit venu habiter Cockermouth-Castle, et plusieurs fois il avoit emmené ses enfants dans son manoir de Limerick. Il avoit été longtemps consul des marchands anglois à Livourne, parloit parfaitement l'italien, et s'étoit plu à l'enseigner à Déborah, qui l'avoit à son tour enseigné à son ami Patrick. A sa mort, par testament olographe, sir Meadowbanks lui avoit fait la donation de touts ses domaines et le legs de sa bibliothèque italienne et de sa collection de tableaux, dont quelques-uns, des grands-maîtres, valoient leur pesant d'or. Enfin, sans déférence pour lord Cockermouth, il avoit donné la curatèle de cet héritage à un membre du barreau irlandois, M. Chatsworth, jeune homme d'un caractère probe et d'une fermeté inflexible, dont le nom seul faisoit trembler le vieux commodore.

Depuis son mariage, lord Cockermouth avoit été nommé gouverneur de plusieurs places dans les Indes, et, plusieurs fois, commandant ou commodore de petites escadres. Ces années d'absence avoient été les seules années de trêve et de consolation de son épouse. Dans touts ses gouvernements, il s'étoit fait abhorrer, lui, son nom et sa mémoire. Non pas qu'il

fût injuste, mais parce qu'il avoit, au suprême degré,
le caractère national, parce qu'il étoit inhumain. Il
n'auroit point frappé l'innocent, mais il éprouvoit
une joie sourde et féroce à suivre la loi le plus litté-
ralement possible. Il n'auroit pas poussé au crime;
mais, quand on avoit failli, il n'y avoit pas d'échap-
patoire possible, il poussoit à la mort. Dans touts
les cas, il infligeoit le maximum des peines et des
supplices. — Sur mer, il s'étoit acquis une réputation
non moins effroyable. La seule vue de sa cornette
rouge au grand mât, donnoit l'horripilation aux écu-
meurs. Malheur aux forbans qui se laissoient capturer par lui! — Aussitôt pris, aussitôt pendus. En
vérité il étoit rare de voir son brick, en chasse ou en
croisière, sans quelques douzaines de squelettes flot-
tants parmi les vergues et les mâtures. Son fidèle
Chris, ancien corsaire converti, et rentré dans le sentier de la vertu, étoit, par goût naturel, un de ses
plus fervents pendeurs de pirates. Souvent, aussi,
pour se donner quelques plaisirs, lord Cockermouth
s'étoit fait octroyer des lettres-de-marque, et à ses
frais et risques avoit armé en course. — Il posoit en
principe philosophique que la race humaine est la
race la plus féconde, et par conséquent celle de
moindre valeur, et que sa fécondité étant toujours en
raison du sang humain versé, il faut regarder à deux
fois, non pour abattre un homme, mais un chêne.
— Au demeurant, comme tous les êtres cruels envers les autres, il était fort complaisant pour sa
personne et d'un égoïsme qui le faisoit remarquer

même par ses compatriotes, passés maîtres en égoïsme. Éternellement gorgé de bonne chair; et presque toujours entre deux vins, dans ses moments d'abandon et de fines facéties, quelquefois, avec un rire, véritable onomatopée d'une serrure de prison de mélodrame, il se frappoit sur la panse en disant : Maudit ventre ! déjà tu me reviens à plus de cent mille livres sterling.

Ajoutez à tout cela des prétentions aristocratiques outrées; un orgueil impudent; une morgue insoutenable; et une gravité phlegmatique, qui l'eût fait prendre pour un penseur, à ceux qui estiment profonds les gents taciturnes, et qui, à ce prix, sans doute, eussent faits moins de cas de saint Anthoine que de son compagnon.

Voilà, tout au juste, le brutal auquel on avoit donné à pâturer la pauvre miss Anna Meadowbanks, à peine âgée de seize ans ; — mon esprit répugn'eroit à s'arrêter aux maux qui l'accablèrent. — Sans expérience aucune, ignorante de ses droits, douce, bonne, timide, l'âme emplie de terreur, cette enfant s'étoit courbée sans retour sous le sceptre, ou plutôt la massue de son époux. Et son cœur ardent, qui n'avoit pas trouvé à user ses passions, avoit répandu tout son amour concentré sur Déborah, seul lien qui le rattachoit à l'existence.

VIII.

UNE semaine s'étoit écoulée depuis leur dernière entrevue dans le parc; et, chaque jour, Déborah n'avoit pas manqué de diriger sa promenade vers le *Saule-creux du Torrent*, où, vainement, elle avoit déterré et ouvert un petit coffret d'acier, dépositaire habituel de leurs messages. Ce silence de Patrick l'auroit jetée dans une grande inquiétude, si, du haut de la *Tour de l'Est*, elle ne l'avoit apperçu plusieurs fois dirigeant sa charrue dans les terres en labour de la plaine.

Le 10, en approchant du saule, son cœur tressaillit de joie : la terre, à l'endroit du coffret, étoit fraîchement remuée; Patrick venoit d'y déposer ce billet.

« J'admire votre silence; et j'en tire bon augure : les bavards ne sont pas gents d'honneur. Si jamais on publioit votre correspondance, elle seroit certainement authentique. »

Le 11, Déborah confia au coffret cette lettre.

« Si vous admirez *votre silence*, moi, j'admire votre épigramme; et je trouve, dans ses monologues, votre esprit trop sévère envers lui-même.

» Loin de trembler maintenant à l'heure de l'exécution, je demeure inébranlable convaincue que notre vie et notre bonheur ne dateront que de notre fuite, comme l'islamisme n'a daté que de l'hégire de Mahomet. Vous le voyez, je vous rembourse votre sel attique en fleur d'Orient; quitte à quitte.

» A parler plus sérieusement, j'ai presque des remords, quand je pense à tout ce que je vais faire à ma pauvre mère. Souvent, lorsqu'elle me prodigue ses caresses, je me détourne pour laisser tomber quelques larmes arrachées par l'idée de ma trahison. Pourquoi n'est-elle pas cruelle comme mon père? on souffre moins à tromper un méchant. Je l'avouerai, dussiez-vous me traiter de folle ou de foible, tellement poussée à l'effusion par ses épanchements, tellement touchée de sa résignation, maintes fois, la pensée m'est venue de me jeter à ses pieds, et de lui dire : Ma mère, je suis bien criminelle envers vous.... Il me semble que cela me soulageroit d'un poids énorme qui m'étouffe; mais soyez tranquille, Patrick, je n'en ferai rien. Croyez bien que j'ai assez de force pour résister à l'impulsion d'un sentiment qui nous perdroit, et qu'une impression passagère ne détruira pas l'œuvre délibérée de ma raison.

» Je suis toujours enfermée dans ma chambre, et ne vois point mon père, que maman espère bientôt appaiser. Il doit, assure-t-elle, m'accorder une amnistie générale pour sa fête; d'autant plus qu'il y est presque obligé pour la présentation de mon nouveau prétendu. »

Le 12, Déborah trouva ce mot.

« J'accuse réception de votre lettre. De grâce, noble amie, si vous avez quelques préparatifs à faire pour votre départ, faites-les dans le plus grand secret : craignez l'activité des espions de votre père, puisque vous êtes toujours en guerre ouverte. Vous savez à quel jeu nous jouons et vous connoissez notre enjeu.

» Ma vie n'est plus qu'une palpitation continuelle ; mon âme est comme une hirondelle qui se balance sur un rameau flexible, battant des ailes, essayant son vol, avant de prendre son essor pour un rivage sans hiver.

» La face tournée vers l'Orient, je demeure debout comme un Hébreu mangeant la Pâque; les reins ceints, appuyé sur un bourdon. »

Le 13, Déborah répondit :

« *My dear Coulin*,

» Mon esprit reste ébahi, quand je songe à ce que peut une volonté invincible; et quand je songe que l'homme ne fait aucun usage de sa volonté, qui pourroit toujours être invincible. Sans doute cela est pour le bien de la société, car, si chacun de ses enfants avoit une volonté formelle, individuelle, spontanée, demain la société seroit morte.

» Les trompettes au son desquelles s'écroulèrent les murs de Jéricho, sont les symboles parlants de la volonté; sonnez-là, et les plus épaisses murailles tomberont.

« Après demain, les fers qui doivent enchaîner notre vie, les murs du cachot où elle devoit pourrir crouleront au son de notre volonté, et combleront l'abyme qui nous sépare. »

« Le 14, Déborah ne put sortir qu'à la tombée du jour : entre-chien-et-loup, elle se glissa par les avenues détournées jusques au *Saule-creux*, et, avec l'empressement de la joie, elle s'agenouilla pour exhumer le coffret d'acier; mais son couteau entra dans la terre tout entier, sans aucun choc : — point de coffret!

Cette déception fut d'autant plus stupéfiante que la joie pressentie avoit été vive. Ses bras s'appesantirent, sa tête s'abandonna à son propre poids, son regard immobile resta fixé sur la terre; le travail de sa pensée, comme une horloge dont la chaîne s'est brisée, s'arrêta.

Revenue de ce premier étonnement, cette disparition s'expliqua simplement à son esprit : — Patrick, se dit-elle, n'aura pas voulu laisser enfoui ce coffret auquel il tenoit beaucoup, il n'aura pas voulu abandonner ce confident fidèle et secret, ce bijou qui pour nous exhalera toujours un doux parfum de souvenirs! Patrick sera venu le déterrer, Patrick a bien fait!

Et, satisfaite de la bonne action de son ami, elle regagna le château.

IX.

Qui va là? — s'écria lord Cockermouth entendant marcher dans son appartement, où, depuis le dîner, il s'occupoit avec lady de l'ordonnance du banquet du lendemain. Qui va là?

— C'est moi, mon commodore.

Et Chris, s'approchant par derrière, se pencha à l'oreille du comte. — Il y a du nouveau, dit-il, j'ai quelque chose à vous communiquer.

— Madame, voulez-vous me faire la faveur de vous retirer? j'ai besoin d'être seul avec Chris.

La comtesse, qui avoit remarqué le chuchotement mystérieux et insultant du valet, se leva avec un geste d'indignation et sortit.

— Mon commodore, tout à l'heure, en promenant Bérébère, votre cavale, j'apperçus, rôdant sur les bords du torrent, *master* Pat : je descendis aussitôt de cheval, et je me glissai dans les broussailles pour l'épier ; je le vis s'arrêter sous le *Saule-creux*, fouiller la terre, en retirer une boîte, puis la remettre en terre et s'éloigner.

Alors, avec précaution, je me glissai au pied du saule, je creusai au même endroit, et je déterrai ce coffret d'acier que voici : le fermail est à secret, il m'a été impossible de l'ouvrir.

Après bien des efforts, à coups de hache, ils parvinrent à effondrer le couvercle. Un billet fraîchement cacheté s'y trouvoit seul : Cockermouth s'en saisit avidement. Pendant qu'il le parcouroit du regard sa figure changea plusieurs fois d'expression; la curiosité fit place à la surprise, la surprise à la rage étouffée.

Le soir, lorsque Chris vint pour le débotter du comte, il le trouva au milieu de sa chambre, debout, immobile comme un Hermès dans sa gaîne, la tête penchée et les yeux engloutis sous ses sourcils refrognés; il fumoit.

— Chris, tu as donc de la rancune, tu as donc une rancœur contre Pat?

— Oui, commodore, un vieux levain de haine que je garde là, et qui n'en démarrera pas!

— Et d'où vient cette haine?

— D'un affront sanglant, mon commodore. Il y a bien de cela deux ans; un dimanche, j'offris à Pat, d'entrer avec moi à la taverne. En pleine place, Pat me fit un refus, prétendant qu'il avoit pour habitude de ne boire qu'à ses repas, et de l'eau. — Tu ne veux pas boire avec un vieux matelot? lui dis-je, tu fais bien le gros-bonnet, mon bouvier! — Monsieur Chris, puisque vous faites l'insolent, me répliqua-t-il, je vous déclarerai que je n'ai jamais bu et ne boirai jamais avec un Anglois, si ce n'est dans son crâne.

— Là dessus, mon commodore, enflammé par ces injures, oubliant que le temps étoit loin où je brisois un François sur mon genou comme une baguette, je m'élançai sur lui et je le frappai violemment; mais lui, jeune et vigoureux, de deux ou trois coups de poing m'assomma, aux grands applaudissements de tout le village, qui crioit : Mort à l'Anglois !

Oh! j'ai cela sur le cœur! ça m'y pèse comme un boulet, mon commodore. Chris, avaler un pareil affront! Chris, un ancien flibustier ! Chris, le *tigre d'abordage!* Chris, *l'anthropophage!* comme on m'appeloit. Dieu me damne ! je ne veux pas qu'on enterre ma haine! je ne partirai pas de ce monde sans avoir mis le genoux sur sa poitrine et mon couteau dans sa chienne de gorge!

— Veux-tu associer ta haine, Chris?

— Vous me faites trop d'honneur, commodore.

— Veux-tu associer ta vengeance?

— Vous me faites trop d'honneur, mon commodore.

— Va chercher deux bouteilles de rum et ta pipe.

— Chris revint aussitôt garni de provisions, et le comte referma sur lui les portes aux verrouils....

Les gents du château remarquèrent de la lumière, toute la nuit, dans la chambre de leur seigneur.

X.

Les extorsions du comte, sa haine publique pour les Irlandois, la cruauté avec laquelle il avoit traité les malheureux tombés entre ses mains, dans les soulèvements du midi de l'Irlande, ne lui avoient pas gagné les cœurs des montagnards de Kerry, que le clergé entretenoit chaleureusement dans leur mauvaise disposition; car le clergé de toute l'Irlande exécroit Cockermouth, et pour bonne raison : en 1723, au Parlement, soi-disant Irlandois, c'étoit lui qui avoit proposé, sérieusement et tenacement dans un long discours, de faire revivre le supplice de castration contre les prêtres catholiques. Cette motion, accueillie avec transport, adoptée par le Parlement, transmise en Angleterre *et fortement recommandée à sa majesté*, n'avoit été rejetée que par l'interposition du cardinal Fleury auprès du ministre Walpole.

Aussi la journée du 15, anniversaire de la naissance du *Head-landlord* de Cockermouth-Castle, fut-elle comme à l'ordinaire un jour de calme et de travail. Les villageois ne prirent aucune part aux fêtes du château. les cloches ne fatiguèrent point l'écho de leur tintement solemnel. Seulement, les fermiers, tenanciers et ouvriers vinrent, dès le matin, faire leur indispensable salutation ; seulement, une centaine de mendiants de la contrée vinrent au son de la cornemuse, rendre hommage-lige à la cuisine.

La comtesse fit dresser une table dans une salle basse du château, et servir à ces derniers un déjeûner copieux, dont elle et Déborah firent les honneurs. C'étoit d'un bel exemple : cette noble dame et sa belle jeune fille élégamment vêtues, mais simples de manières, dans cette salle enfumée, au milieu d'une horde de misérables, veillant avec sollicitude à ce que chacun eût une égale pitance ; réservant les pâtisseries aux enfants et les pièces délicates aux vieillards ; répondant à touts avec bonté ; donnant aux plus souffrants des paroles de consolation, et des vêtements aux plus dénués.

Durant tout le festin, bruyant comme un festin de gueux, des tostes fréquents furent portés à lady Cockermouth et à miss Déborah. Au dessert les cornemuses recommencèrent à sonner de plus belle ; et un vieux d'entre ces truands, qui avoit qualité de *minstrel*, chanta des chansons populaires et des chants à la gloire de leurs nobles hôtesses.

Dès la nuit tombante, l'avenue et la grande cour du château furent illuminées ; et les piétons, et les cavaliers, et les carrosses arrivèrent en foule.

Les conviés se composoient des châtelains et des

gentilshommes des environs et de quelques villes à la ronde. Le falot à la main, une troupe de valets attendoient sur le porche, et introduisoient dans le grand salon d'été où recevoient le lord comte Cockermouth, en grand costume de commodore, et la comtesse, belle encore et d'une beauté intéressante même à travers une forêt d'atours. Déborah, belle comme sa mère, mais sans chamarrures, pour échapper aux simagrées de bon ton dont son âme préoccupée auroit eu beaucoup à souffrir, se perdoit le plus possible dans la foule, et s'y tenoit modestement cachée comme une violette sous une touffe de feuilles.

Mais à l'arrivée de l'époux de convention, elle fut arrachée à sa solitude et présentée à toute sa future famille, venue pour conclure le marché. Déborah, d'une façon affable, les salua touts sans dire mot, et paya simplement en révérences leurs congratulations et les madrigaux de son prétendu.

C'étoit un gentilhomme du comté, jeune premier de quarante ans, issu d'une famille qui avoit été recommandable, autrefois, sous Charlemagne, et qui jadis avoit suivi Guillaume le Conquérant. Ce noble rejeton n'avoit pas dégénéré; l'ambition de ses ayeux l'animoit toujours; seulement, au lieu de conquérir des nations, il conquéroit des filles. Sa vie étoit vouée aux bonnes fortunes. Depuis peu d'années, il étoit revenu de Londres habiter dans le sein de sa famille pour rétablir santé, fort détériorée par ses travaux; et, depuis son retour, la population à l'entour des domaines paternels s'étoit presque doublée. Les paysannes le fuyoient comme la peste, ou comme Daphné fuyoit Apollon; mais, comme Daphné, les pauvres bergères ne se changeoient pas en lauriers. Pour mettre fin à ses débordements, on avoit avisé de lui donner Déborah, qui, en vérité, n'étoit considérée que comme un liniment; et notre graveleux gentillâtre s'étoit prêté volontiers à cette manigance qui lui livroit entre les mains une femme admirable, et de l'argent pour prolonger ses conquêtes sur son déclin. L'argent est le nerf de la guerre.

Déborah ne le connoissoit que par les renseignements qu'on lui avoit insinués. Mais à la première vue de ce galant, qui exhaloit une forte odeur de libertinage, la plus novice enfant eût ressenti un dégoût insurmontable. Notre nature se révolte d'elle-même au contact de ce qui peut lui être funeste, comme les lèvres répugnent au poison.

A peine soustraite à l'impertinence obséquieuse de son *préposé*, Déborah se glissa hors du salon, et courut à son appartement. Là, en grande hâte, elle arracha ses fanfreluches de fête, alluma plusieurs bougies, qu'elle plaça près des croisées, s'enveloppa d'un manteau, et, marchant sur la pointe des pieds et retenant son haleine, descendit au jardin, où elle disparut au milieu de l'obscurité.

De temps en temps, au salon, lord Cockermouth tiroit sa montre : il étoit dans son fauteuil comme dans un siége de torture, et ne prenoit aucune part aux conversations. A huit heures trois quarts sonnées il se leva, et se promena parmi les groupes de causeurs, laissant errer ses regards sur l'assemblée, qu'il paroissoit dénombrer tacitement; puis il sortit, et se rendit dans la seconde cour intérieure.

— Qui marche par ici ? Est-ce vous, mon commodore ?

— Ah ! c'est toi, Chris, parlons bas. Es-tu prêt ? l'heure approche.

— Oui, mon commodore.

— As-tu ta carabine ?

— Chargée jusqu'à la gueule, mon commodore.

— L'as-tu vue ?

— Non, commodore.

— Elle n'est plus au salon.

— Regardez, son appartement est éclairé : sans doute elle fait ses préparatifs.

— Va fermer le guichet de la *Tour de l'Est* et la porte du grand corridor, et nous la tenons prisonnière. Pas de bruit. Fais vite. Je t'attends ici.

— Maintenant tout est fermé, mon commodore.

— Bon ! suis-moi : prenons l'allée des ifs.

— Bombardement de sort ! mon commodore, le ciel économise sur les chandelles, cette nuit : j'y vois autant par-devant que par-derrière.

— Tais-toi.

Arrivés à l'extrémité du clos, il montèrent sur une terrasse ronde qui flanquoit une de ses encoignures; c'étoit une ancienne tourelle presque rasée et remblayée de terre à l'intérieur; à ses pieds se croisoient deux sentiers.

— J'entends marcher, mon commodore, là, dans le chemin de Killarney.

— Ne vois-tu pas quelque chose qui passe de long en large?... Chris, ne te penche pas tant sur le parapet, tu pourrois nous trahir.

— C'est lui!

— Le voici qui s'approche. Vois-tu assez clair?

— Assez pour le frapper au cœur!

— Va donc! as-tu peur, Chris?

— Oui, mon commodore, de le manquer.... Ouf!... Il l'a dans de ventre!

— Bien joué! bravo!

— Allons, le coup de grâce! dit Chris en sautant dans le chemin.

Mylord resta penché sur le parapet, lorgnant son valet à la besogne, outrageant sa victime et blasphémant Dieu.

— God-damn! mon commodore, que les papistes ont la vie dure! — Ah! monsieur Pat, vous ne voulez pas boire avec les Anglois, mais vous voulez.... Tiens! entends-tu!... c'est Chris qui t'éventre!...

— De la part de lord Cockermouth.

— De compte à demi. En as-tu assez?

— Tu ne l'achèveras jamais à coups de crosse. Tiens, Chris, prends mon épée.

— Va donc! va donc! va donc! En veux-tu encore?

— Assez, assez, Chris! tu fais comme harlequin, tu t'amuses à tuer les morts.

Neuf heures sonnent: on m'attend pour le banquet.

Essuye mon épée : rends-la-moi ; et va changer de vêtement.

Lord Cockermouth rentra au salon, s'excusa de son absence, et pria ses hôtes de vouloir bien passer dans la salle du festin. Immense galerie de toute la profondeur du château, aboutissant au jardin, et y communiquant par un vaste perron en éventail. La voûte en tiers-point étoit ornée entre les nervures d'un semis d'étoiles sur fond d'outremer. Les parois étoient revêtues de lambris de chêne sculptés grossièrement. Des débris d'armures et de pertuisanes rouillées couvroient les piliers alternant les grandes fenêtres à meneaux de pierre et à vitraux coloriés.

Dans la longueur de cette galerie une table de cent cinquante couverts se trouvoit dressée avec un luxe royal. Au milieu lord comte Cockermouth étoit placé placé vis-à-vis de lady ; à la gauche de laquelle on avoit réservé une place pour Déborah, que redemandoit sans cesse son aimable futur. Comme la comtesse s'inquiétoit fort aussi de cette absence, le comte appela Chris, et lui dit, en faisant quelques signes d'intelligence : — Allez voir si ma fille ne seroit point en son appartement, et blâmez-la de son impolitesse.

Chris, la mine ébahie, revint presque aussitôt, en s'écriant : — Mon commodore, je n'ai point trouvé mademoiselle !

Cockermouth fit un mouvement de surprise. Chris s'approcha de lui, et ajouta tout bas : — Pourtant les portes étoient fermées, et les bougies brûloient encore....

A ces mots, il pâlit, et son bras, avancé pour saisir un flacon, tomba inerte sur la table.

Toute l'assemblée remarqua le trouble étrange de son hôte.

XI.

À peine lord Cockermouth et Chris s'étoient-ils éloignés de leur victime, que Patrick arriva au rendez-vous par le chemin creux de Killarney. En approchant de la terrasse, son cœur gros d'inquiétude, tressaillit d'ivresse : dans le silence, un léger bruit d'haleine et de soupirs venoit caresser son oreille.

— To be!... dit-il alors : mais nulle voix n'acheva la phrase de ralliement. To be! répéta-t-il avec plus de force.

Un râlement partit à ses pieds, et une voix mourante murmura : Or not to be.

— Qui donc m'a répondu? est-ce l'ombre d'Hamlet, ou est-ce vous, Déborah?

Alors, il apperçut un corps étendu en travers du chemin, et s'écria, tombant à deux genoux : — Debby assassinée!

Baignée dans son sang, elle avoit encore la face tournée contre terre. Il la releva et la fit asseoir sur l'herbe, en la soutenant dans ses bras, et cherchant par ses baisers à ranimer ses paupières closes.

— Debby! ô ma Debby! jette un dernier regard sur

Patrick. C'est moi! c'est ton bien-aimé! M'entends-tu? Parle, où sont tes blessures?

— Patrick? Hélas! c'est toi! Va-t'en, ils te tueroient aussi les cruels!...

— Qui?

— Va-t'en! ne les vois-tu pas? ils vont te tuer! Fuis!... Ils ont juré ta perte.

— N'aie pas peur. Dis où sont tes blessures, que je les étanche!... Dis, connois-tu tes meurtriers?

— Tes soins seront vains, Patrick, je n'ai plus qu'à mourir.... Ne me demande pas le nom de mes assassins! Il est de ces choses qu'on ne peut dévoiler : c'est un secret entre le ciel et moi. — Mon ami, avant que j'expire, pardonne-moi et bénis-moi! Pardonne-moi! Tout à l'heure, quand je suis tombée atteinte d'un coup de feu, mon esprit a conçu une horrible pensée dont le souvenir me glace de honte : oui! il faut que je te le dise!... Je t'ai accusé de mon meurtre : oh! que je suis ingrate et coupable envers toi! et si mes égorgeurs m'eussent frappée en silence, j'aurois cru mourir par tes mains. Patrick, ne me maudis pas!

— Abomination! moi t'égorger, Déborah! vous n'avez pas foi en moi, Debby; cette pensée est l'œuvre du doute qui règne en votre âme.

— Non, Patrick, elle fut l'œuvre de mes esprits éperdus et de mes douleurs.

— Ce n'est pas l'instant, ce n'est pas l'heure des reproches, Déborah, je t'aime et te pardonne. A toi mon âme! à toi mon sang! à toi ma vie!... Dis, que faut-il que je fasse?... nomme-moi donc tes assassins ! Pour la première fois mon cœur comprend le meurtre! pour la première fois la vengeance le déborde !... J'ai besoin d'anéantir!... je tuerai!...

— Vous oubliez Dieu, Patrick.

Ces simples mots éteignirent subitement sa passion, et chassèrent son délire.

— Votre voix est un baume qui calme, Debby, et vos paroles sont de la rosée.

Il me semble, Debby, que vos forces reviennent? Sans doute vos blessures sont moins graves que vous ne le pensiez? vous ne pouvez rester plus longtemps sans secours : dites, où faut-il que je vous conduise.

— En effet, je me sens mieux; la balle ne m'a frappée qu'à la jambe; l'obscurité m'a sauvée presque entièrement des coups d'épée. Aidez-moi seulement à me relever, je suis encore assez forte pour me traîner jusqu'au château. Mais, toi, mon Patrick, au nom du Ciel, je t'en supplie, va-t'en ! tu n'es pas en sûreté ici : on en veut à tes jours, te dis-je! c'est toi qu'on a cru frapper en me frappant. Fuis !...

— Fuir ! Et quoi donc?... La mort? Non, qu'elle vienne! je la recevrai avec joie. Sans toi que me peut être la vie ?

— Patrick au nom de Dieu cède à mes prières. Sur une terre étrangère, on a besoin d'ór : prends cet écrin plein de joyaux que j'emportais ; et pars en France, comme nous devions le faire touts deux. En cet état, je ne puis te suivre; mais crois à mon serment : sitôt que j'aurai recouvré quelque vigueur, je t'y rejoindrai.

— Fuir sans toi! plutôt la mort!

— Écoute mes prières : tu ne peux demeurer en ce pays plus longtemps, tu te perdrois et tu me perdrois. Si ce n'est ce soir, demain tu serois immolé! Que t'importe de me devancer en France de quelques jours. Pars; va tout préparer pour ma réception, pour la réception de ton épouse.

— Ne peut-il pas être des obstacles qui t'empêcheront de me rejoindre en mon exil?

— Il n'en peut plus être, Patrick; tout est changé, je ne m'enfuirai plus, je partirai devant touts, en plein jour. Je n'ai plus à trembler, maintenant c'est devant moi qu'on tremblera.

Tu viens de trahir ton secret, Debby, je connois ton meurtrier, qui devoit être le mien : tu me l'as nommé : c'est celui devant qui tu tremblois.... Celui-là même a versé son propre sang! celui-là même a assassiné sa fille! C'est ton père!...

— Aide-moi à marcher, mon ami, et reconduis-moi jusqu'à l'entrée du clos.

— Tu souffres affreusement, pauvre amie, ne fais pas d'efforts pour me cacher tes douleurs ; laisse passer tes soupirs, laisse couler tes pleurs. Mon Dieu! jusques à quand amoncelerai-je sur sa tête malheur sur malheur! — Je te l'avois bien dit, je suis maudit et funeste. Mes bras amoureux n'ont enlacé à toi qu'une lourde pierre qui t'entraîneroit d'abyme en abyme. Crois-moi, divisons nos destinées : que la tienne soit heureuse ! que la mienne soit atroce !... Je veux bien fuir loin de cette patrie, mais oublie-moi, mais ne viens pas me rejoindre, ne viens pas recoudre le tissu brillant de ta vie à mon manteau de deuil !

— Quand j'aurois besoin de tant de consolations, ce sont là vos paroles de reconfort : accablez-moi, Patrick, abreuvez-moi d'idées amères !

Pat, on pourroit te voir, ne m'accompagne pas plus avant ; me voici dans la grande avenue. Vois-tu là-bas les croisées de la galerie resplendissantes du feu des bougies ? Entends-tu le choc des verres et les éclats de joie ?... Je marcherai bien seule jusque-là. Donne-moi seulement une branche d'arbre pour assurer mes pas. — Adieu, Patrick, adieu ! Sois tranquille, ni l'absence, ni le temps, ni l'espace n'auront pouvoir sur mon amour. Mon âme te suivra en touts lieux. Adieu ! bientôt je serai près de toi.

— Adieu, Debby ! A toi seule pour la vie ! et, si Dieu veut, à toi seule pour l'éternité !...

— Comment te retrouverai-je à Paris ?

— Il faut avoir recours à un expédient : mais lequel ?... Sur la façade du Louvre qui regarde la Seine, vers le sixième pilastre, j'écrirai sur une des pierres du mur mon nom et ma demeure.

Leurs lèvres se rencontrèrent alors, et restèrent longtemps accolées. Déborah, évanouie sous ce baiser déchirant, étoit renversée dans les bras de Patrick, qui chanceloit et s'appuyoit contre un des tilleuls de l'avenue. Enfin, ils s'arrachèrent à cet embrassement.

Patrick remonta la salle d'ombrage; il pleuroit abondamment, il se soulageoit; car il avoit refoulé dans son cœur touts ses sentiments de désespoir, pour ne pas accabler son amie.

Pleure, pauvre Patrick! soulage-toi!... Pleure sur ton sort, il n'en peut être de plus affreux. Pauvre ami! à vingt ans t'enfuir seul de ta patrie, trempé des pleurs et teint du sang de ton amante!...

Déborah, courbée sur un bâton, se traînoit péniblement vers le château. Elle avoit renfermé ses souffrances et épuisé ses forces morales pour dissimuler à Patrick l'horreur de son état. Ses blessures saignoient toujours. Sa foiblesse augmentoit à chaque pas.

Le festin s'avançoit. Lord Cockermouth affectoit une gaîté et une affabilité maladroites, qui faisoient transpirer d'autant plus sa préoccupation et son désappointement. Plusieurs fois il avoit été remarqué parlant tout bas à Chris. Lady s'agitoit dans la plus violente inquiétude : elle étoit allée elle-même à la recherche de Déborah, dans son appartement et dans tout le château, et l'avoit fait appeler plusieurs fois dans le jardin et dans le parc. Touts les convives s'étoient apperçu de son absence, et prenoient un air mystérieux pour en causer. Beaucoup de propos méchants et moqueurs se promenoient de bouche en bouche. Le futur, accouplé à une chaise vide, paroissoit assez décontenancé : il ne savoit quoi penser de la disparition de sa prétendue, et se travailloit l'esprit pour découvrir en sa personne ce qui avoit pu lui inspirer une si énergique aversion.

Tout à coup, dans un intervalle de silence, on entendit à l'extérieur des pas sourds sur le perron : touts les regards se tournèrent de ce côté, et le calme devint général.

La porte agitée et ébranlée se ployoit comme sous le poids d'un corps.

— C'est elle!... s'écria-t-on de toutes parts, c'est elle! ouvrez donc!

Chris alors se précipita sur la porte et l'ouvrit à deux battants. — Des cris d'horreur et d'épouvante retentirent dans la salle.

Déborah, pâle et couverte de sang, dans un désordre affreux, entra, fit quelques pas encore, et tomba de sa hauteur sur les dalles.

La terreur étoit au comble.

La comtesse, éperdue, poussant des plaintes et des cris désespérés, s'étoit jetée sur le corps de sa fille, qu'elle étouffoit sous ses embrassements.

Le comte appela les valets, et fit emporter Déborah.

La consternation régnoit dans l'assemblée : pleins d'effroi, les convives désertoient leurs places, et s'enfuyoient avec tant de hâte qu'ils se blessoient l'un l'autre.

Lord Cockermouth, lui seul, manifestoit du calme et du sang-froid, et vouloit retenir les fuyards.

— Messieurs, remettons-nous à table, s'il vous

plaît? Ce n'est qu'un accident fâcheux qui n'aura point de suites graves : qu'il ne trouble en rien notre fête. Allons, mesdames, de grâce, à vos sièges.

Sans avoir égard aux prières de mylord, la foule se retiroit toujours.

— Messieurs, je vous en prie, à table! qui fuyez-vous? qui vous chasse? est-ce le malheur de miss Déborah? vous m'en voyez comme vous pénétré de douleur. Pauvre enfant! — Mais achevons le festin. A table, vous dis-je! M'entendez-vous, messieurs ! Je suis touché de vos marques de condoléance pour ma fille; mais votre déférence, mais votre sensibilité va trop loin. Me laisserez-vous seul au milieu de la fête que je vous donne? Vous ne partirez pas, messieurs! Trembleriez-vous pour vos chers personnages? Vous n'êtes point ici dans un coupe-gorge, je crois! Vous êtes chez le *Head landlord* de Cockermouth-Castle, un vieux soldat, que vous outragez! Ah! vous me faites, messieurs, l'affront le plus insigne, l'affront le plus cruel : vous reniez votre hôte, vous repoussez son pain et son sel! C'est insulter à mes cheveux blancs, c'est insulter à la gloire de ma race! Vous ne partirez pas, vous dis-je, moi, je vous le défends, sans avoir rendu raison d'un tel outrage à votre hôte!... Mais non : vous êtes touts des lâches! Sortez! sortez donc! je vous l'ordonne; vous souillez ma demeure, j'ai honte de vous!

Hurlant ces derniers mots, le comte, écumant de rage et de dépit, dégaîna sa flamberge et la brandit autour de lui en s'avançant sur les convives retirés vers la porte; l'un d'eux, un vieillard, lui vint au devant d'un pas assuré, et lui dit, avec un faux air mystérieux : Mylord, vous avez du sang à votre épée....

A ces paroles, frappé en sursaut comme de la foudre, Cockermouth, refroidi, s'arrêta court, et de sa main laissa choir son épée, rouge encore du sang de Déborah.

LIVRE DEUXIÈME.

XII.

APRÈS avoir quitté Déborah, Patrick s'abandonna au désespoir : il désespéroit d'elle, il désespéroit de lui-même, il désespéroit de l'avenir et de la vie. Devoit-il partir, devoit-il demeurer? Quoi résoudre? C'étoit d'un lâche de délaisser son amie mourante, c'étoit d'un lâche de fuir le couteau des assassins, et cependant, si elle devoit succomber, il ne pourroit l'approcher à son lit de mort, il ne pourroit veiller et pleurer à son chevet; ce n'est point dans ses bras, ce n'est point sous ses baisers qu'elle exhaleroit l'âme : il ne pourroit que hurler dans le chemin comme un chien au seuil de la maison où son maître agonise. Et cependant, s'il tomboit sous le poignard et que Dieu la sauvât.... Cruelle alternative! quoi faire? quel parti prendre?

Indécis, irrésolu, en proie à ce doute angoisseux, il alloit, et rôdoit à l'aventure, comme un loup, dans les champs de Killarney. Ses forces, épuisées, tout à coup lui manquèrent, ses genoux fléchirent, il s'évanouit sous le poids d'un sommeil de plomb.

— A son réveil, l'éclat du jour l'éblouit : le soleil doroit déjà la cime des rochers de la *Gorge du Diable*, et les tours et les hautes murailles de Cockermouth-Castle. Ses regards étonnés s'égarèrent autour de lui : glacé de froid dans son manteau humide des brumes de la nuit et ruisselant de rosée, il étoit couché au pied d'un arbousier sur le bord du lac profond. Peu à peu ses membres engourdis sur le sol se déroidirent, et, chancelant, il se releva tout brisé et tout endolori.

La nuit avoit porté conseil : sans hésitation il tourna le dos à Cockermouth-Castle, et s'éloigna.

Le surlendemain, à la même heure, il étoit penché à la proue d'un *sloop*, sortant du port de Waterford; il envoyoit ses adieux à la verte Érin, à l'Irlande, sa mère infortunée, qui s'effaçoit à l'horizon, comme elle s'efface du livre des nations, et de ses yeux, attachés aux rives natales, tomboient de grosses larmes qui se noyoient dans l'Océan.

Sitôt qu'il fut arrivé à Paris, Fitz-Whyte alla saluer la plupart de ses compatriotes au service de France : ils étoient nombreux. Depuis deux siècles, depuis sa réunion à l'Angleterre, l'Irlande gémissoit écrasée par les persécutions les plus inhumaines; toutes ses tentatives pour briser ses fers n'avoient fait que les river et les souder plus profondément ; pour échapper à ce joug odieux, au bourreau ou à la misère, ses malheureux enfants émigroient. De là, cette foule d'Irlandois aventuriers, dont l'histoire du continent et du Nouveau-Monde proclame la valeur et le génie.

Celui de touts qui l'accueillit le mieux et qui prit le plus vif intérêt à son sort, ce fut monseigneur Arthur-Richard Dillon, qui depuis peu venoit de passer de l'archevêché de Toulouse à celui de Narbonne, mais qu'il eût été plus juste de nommer, *in partibus infidelium*, archevêque de l'Opéra.

Ce beau prélat n'étoit guère plus connu de ses ouailles, que le prince Louis-René-Édouard-de-Rohan-Guéméné, évêque de Canople, de ses Égyptiens de Bochir.

Monseigneur Arthur-Richard étoit né à Saint-Germain-en-Laye, d'une famille originaire d'Irlande ; et conservoit pour la terre infortunée trempée du sang de ses ayeux, une affection sentimentale, si naturelle à tout cœur aimant et sensible.

Aussi, lorsque Fitz-Whyte se présenta pour la première fois à son hôtel, se faisant annoncer comme un jeune pélerin du comté de Kerry, quoiqu'il fût de fort bonne heure, et que monseigneur ne fût point encore visible, il le fit introduire aussitôt dans sa chambre à coucher, et le reçut familièrement en peignoir de basin.

Les courtines de l'alcôve étoient soigneusement

tirées, et sans quelque bruit d'haleine qui s'en échappoit, sans de jolies petites babouches et d'élégants vêtements de femme épars sur les meubles, on auroit pu le croire en dévote oraison.

Son affabilité chassa promptement la timidité et l'embarras de Patrick.

— Vous arrivez de notre chère patrie, mon jeune ami, lui dit-il, en lui prenant affectueusement la main et le faisant asseoir près de lui sur un canapé ; — c'est bien à vous, et je vous en remercie, de vous être ressouvenu de moi comme compatriote et de m'avoir présumé de l'attachement pour mes frères d'Irlande ; votre démarche auprès de moi est un témoignage d'estime qui m'honore et qui me pénètre. Parlez sans crainte, je vous suis tout dévoué.

Monseigneur étoit ce matin-là plus que jamais en disposition de tendresse et de générosité : vous le savez, et le plus brave poète l'a dit : *Le plaisir rend l'âme si bonne.* Fitz-Whyte parla longuement de ses malheurs d'une façon naïve et touchante qui le captiva tout à fait.

Durant son récit, ses regards émerveillés se promenoient sur le luxe et l'ameublement mondain de cette chambre. Quel constraste, hélas! avec l'abjection des prêtres irlandois! Ce qui surtout lui jetoit du désordre dans les idées, c'étoient ces parures féminines étalées au milieu des aumuces, des mîtres et des rochets, c'étoit une mantille jetée sur une crosse, et des jupons mêlés avec un *pallium;* il trouvoit bien une solution à ce problême, mais comme elle entachoit la chasteté de monseigneur Dillon, sa candeur ne pouvait l'admettre.

Tout à coup l'énigme s'expliqua d'elle-même, les rideaux de l'alcôve se soulevèrent, une jeune fille folâtre en sortit; et frappée d'étonnement à l'aspect de Patrick Fitz-Whyte, demeura en contemplation devant sa belle figure d'Ossian.

— Monsieur, s'écria-t-elle, vous êtes aussi beau que votre cœur! Le récit de votre infortune m'a touchée jusqu'aux larmes; et sur cette terre où vous êtes étranger vous pouvez déjà compter une amie, qui vous sera sincèrement dévouée.

— Et un ami, reprit aussitôt monseigneur de Narbonne, qui vous offre son appui et sa sollicitude.

— Dillon, dit la jolie fille en le caressant et le baisant au front, tu viens de faire une promesse, pardevant moi, qu'il faudra que tu tiennes; c'est un engagement sacré, je t'en ferai ressouvenir si tu l'oublies. Monsieur dès ce moment est mon favori....

— Et votre heureux esclave, madame, murmura timidement Patrick.

Monseigneur l'engagea à revenir incessamment, en lui assurant qu'à toute heure sa porte lui seroit ouverte. Alors Patrick fit une génuflexion pour baiser son émeraude archiépiscopale, et pour lui demander sa bénédiction, qu'il reçut avec recueillement.

Les bonnes grâces de monseigneur Dillon ne se démentirent pas dans les visites suivantes : Patrick le trouva toujours aussi empressé à le servir. Il est croyable, à la vérité, que la Philidore qui s'étoit éprise pour Fitz-Whyte d'un véritable intérêt, ne fut pas sans influence dans cette conduite.

Il n'est pas d'âmes plus généreuses, plus sensibles, plus compatissantes, que celles des pécheresses : habituées à suivre sans calcul, sans restrictions, touts leurs penchants, toutes leurs inclinations, touts leurs mouvements de nature; à subir la loi de leurs impressions, et à s'abandonner à touts leurs sentiments; elles font le bien comme elles font le mal. Si elles livrent leurs corps en péage à des bateliers, elles versent des parfums et des larmes sur les pieds de Jésus.

Quoique fils d'un paysan, Patrick, appartenant à une famille noble d'origine, ruinée par les saccages et les confiscations, entra peu de temps après dans les mousquetaires avec les plus ferventes recommandations au colonel et la protection distinguée de monseigneur Arthur-Richard Dillon, de Fitz-Gérald, brigadier d'armées; d'O-Connor, d'O-Dunne, du comte O-Kelly; de lord comte de Roscommon, de lord Dunkell, du comte Hamilton, de lord comte Airly-O-Gilvy, maréchaux-de-camp; et du duc de Fitz-James.

Sous un pareil patronage, il trouva son colonel, M. de Gave de Villepastour, plein d'égards, de dispositions favorables, de prévenances et de petits soins.

Étranger, parlant à peine le françois, jeté sans aucune étude préalable dans une carrière nouvelle, et si différente de sa vie passée, Patrick eût été trèsisolé, très-décontenancé, et auroit eu sans doute beaucoup à souffrir de toutes les roueries soldatesques, si le hasard n'eût fait qu'il trouva dans ce même régiment un de ses anciens camarades d'enfance, Fitz-Harris, neveu de Fitz-Harris, abbé de l'abbaye de Saint-Spire de Corbeil.

Cette rencontre inattendue fut une grande joie pour Patrick; il accabla de caresses et de témoignages d'amitié ce vieux compagnon, qui les reçut aimablement et lui promit son dévouement et ses conseils.

XIII.

Quelque temps après l'épouvantable scène du festin, lady Cockermouth mourut étouffée par une congestion sanguine. La commotion de son cerveau avoit été si violente qu'elle avoit aliéné sa raison.

Déborah, dont on avoit d'abord désespéré, se rétablissoit lentement, et, avec instance, redemandoit sa malheureuse mère, dont elle ignoroit la perte : — Une indisposition grave la retient alitée, lui disoit-on; aussitôt qu'elle sera mieux vous aurez sa visite.

L'air faux et embarrassé de ceux qui lui répondoit ceci l'avoit jetée dans le trouble, et avoit fait naître en son esprit un sombre soupçon qu'elle n'osoit pas manifester, mais qui la dévoroit. Chaque jour elle appeloit sa mère avec plus d'impatience, chaque jour on lui faisoit la même réponse. Quelques domestiques en habit de deuil ayant eu l'imprudence de se présenter en son appartement, elle vit clairement qu'on la trompoit, dissimula son chagrin, et saisissant un instant où par hasard sa garde s'étoit éloignée et l'avoit laissée seule, elle s'arracha de son lit, et malgré sa grande foiblesse, se traîna en s'appuyant contre les murailles, jusqu'à la chambre de sa mère. En entrant son anxiété l'oppressa : son cœur battoit à fracasser sa poitrine, elle ne respiroit plus.... Des meubles *poussiéreux*, du froid et du silence.... Personne!... Les courtines du lit fermées!... Dort-elle!... Doucement elle s'approcha de l'alcôve, doucement elle souleva les rideaux : le lit désert!... Personne!... Elle poussa un cri d'horreur et tomba évanouie.

On ne la retrouva, glacée et mourante, sur ce parquet, qu'après de longues recherches dans tout le château. Ses blessures s'étoient rouvertes; son mal se compliqua dangereusement, et sa guérison devint plus languissante encore.

La disparition de Patrick Fitz-Whyte et les traces de sang trouvées dans le sentier de Killarney firent penser sans aucun doute qu'il avoit été assassiné. Cet événement répandit l'effroi aux alentours de Cockermouth-Castle. Quel pouvoit être l'auteur de ce meurtre? Les paysans n'ignoroient pas les rapports de leur frère avec la fille de leur seigneur; et leur bon gros jugement leur ayant toujours fait pressentir une fin malheureuse à cette liaison, ils savoient parfaitement à quoi s'en tenir dans le secret de leur cœur : un seul homme avoit pu avoir quelque intérêt d'assassiner Patrick; mais ils n'osoient qu'en frémissant murmurer le nom exécré de cet homme.

La scène du banquet fut promptement divulguée : la plupart des gentilshommes qui s'y étoient trouvés professoient pour lord Cockermouth non moins de mépris et de haine que les paysans; mais, comme rien ne leur commandoit la même circonspection, le bruit se répandit bientôt que, le comte, ayant surpris Patrick et Déborah en un rendez-vous d'amour, avoit tué celui-ci et blessé dangereusement celle-là; et qu'à la face de l'assemblée, dans un accès de colère, il avoit, au retour de son embuscade, dégaîné son épée encore tachée de sang. Ce récit confirma les paysans dans leur opinion, et les enhardit à parler.

Un ancien usage des Celtes s'est conservé jusqu'à ce jour dans les campagnes d'Irlande, comme dans celles d'Espagne : chaque personne qui passe près d'un lieu où quelqu'un a été tué ou enterré, ramasse une pierre, et la jette religieusement à cette place : petit à petit, cet amas de cailloux forme un tertre élevé qui, souvent, à la longue, finit par se couvrir de terre et de végétations, et ne plus sembler qu'un monticule naturel. Il n'est pas rare, même en France, de rencontrer, surtout dans les provinces armoricaines, de ces témoins de la piété de nos pères. Les savants les classent parmi les monuments gaulois, keltiques ou druidiques; et bien qu'en les fouillant on y ait souvent retrouvé des débris d'ossements humains, ces messieurs s'accordent fort mal entre eux sur l'origine de ces *tumulus*.

On voit encore aujourd'hui, dans ce sentier de Killarney, le monceau de pierres jetées au lieu trempé du sang de Déborah; et on le nomme encore la tombe de Mac-Phadruig, ou la tombe de l'amant.

Les clameurs qui s'élevèrent alors contre lord

Cockermouth devinrent si générales et si directes, qu'il crut ne pouvoir sans danger les supporter plus longtemps, et qu'il falloit par n'importe quel moyen qu'il se lavât et se blanchît solemnellement aux yeux du public du crime atroce qu'on lui imputoit. On poussoit l'animosité jusques à l'accuser d'avoir empoisonné lady, et il ne pouvoit plus se montrer hors du château sans essuyer les huées des enfants, qui lui crioient, sans miséricorde : *Mylord Caïn, qu'as-tu fait de Patrick?*

Par des pratiques insidieuses, ayant arraché à Déborah le secret de l'existence et de la retraite de Fitz-Whyte, il déposa contre lui entre les mains de la Justice, le dénonçant et poursuivant comme assassin de sa fille.

La cause devant être jugée aux sessions qui alloient s'ouvrir à Tralée, dans les premiers jours de mars, il y entraîna la pauvre Debby, à peine convalescente.

Et justement ils arrivèrent à Tralée le jour de l'entrée des juges venus pour la tenue des Assises.

La besogne qui attendoit ces magistrats étoit assez honnête : sans compter la cause de Patrick, ils avoient à dépêcher une sixaine d'homicides, et une bonne douzaine de voleurs : ces formidables meurtriers irlandois n'étoient autres, les malheureux, que de bons paysans papistes qui avoient eu la monstruosité de se revancher sous les bastonades de leurs tenanciers anglois, et ces insignes larrons, que d'infortunées familles, plongées dans la misère par les dernières confiscations, qui, poussées par la faim et le froid, avoient dérobé quelques paniers de tourbe et quelques boisseaux de patates.

Déborah se trouvoit avec son père au balcon de l'hôtellerie, lorsque passèrent, se rendant à la Cour, les deux juges — *justices* — master Templeton et master Gunnerspoole, en grand et coquet costume de satin blanc à falbalas couleur de rose, et perruques colossales saupoudrées à blanc. Leur cortège se composoit du maire, des officiers municipaux, et de laquais en livrée blanche, portant de gros bouquets à leur boutonnière. Il ne manquoit plus qu'un tambourin et un galoubet pour achever de donner un air grivois à cette mascarade.

Toute la ville, l'œil caressant, le sourire sur les lèvres, étoit en mouvement comme par un jour de fête, et les rues, endimanchées, étoient pleines d'élégantes blanches, de bourgeois bleus et de soldats rouges.

La durée des sessions dans les petites villes, par le grand concours que les affaires civiles et criminelles occasionent, est un temps de foire et de réjouissance.

Lorsque les deux juges apperçurent à la croisée le comte Cockermouth, ils lui firent une gracieuse salutation. Pour se ménager leur prévarication, il étoit allé, dès leur arrivée, les visiter et leur faire sa cour assidûment. Une sympathie d'ivrognerie et de gloutonnerie avoit aussitôt établi entre eux une espèce de compagnonage; et presque chaque soir ils soupoient ensemble et plantureusement.

La coquetterie et l'air jovial de ces magistrats frappèrent d'étonnement Déborah, qui pour la première fois voyoit des juges : elle ne pouvoit se figurer que ce fussent là des *pourvoyeurs de la mort*. M. Templeton et Gunnerspoole étoient fleuris, replets, obèses, patus et râblus. Il faut, se disoit-elle, que ces messieurs aient une bien parfaite estime de leur infaillibilité, car assurément ni appréhension, ni regrets, ni remords ne les rongent. La gaîté du peuple, engendrée par la seule présence d'hommes venus pour le décimer, ne surprenoit pas moins péniblement Déborah. La foule veut des spectacles ; tout ce qui fait spectacle lui est bon : prêtres, soldats, bateleurs, juges, rois et bourreaux.

La seconde cause appelée par la cour fut celle de Patrick. — Lord comte Cockermouth l'accusoit d'avoir séduit sa fille, de l'avoir engagée à s'enfuir avec lui, munie de ses bijoux et de ses pierreries, de l'avoir assassinée au rendez-vous fixé pour le départ, et de s'être enfui en France chargé de ses dépouilles pour échapper *au glaive de la Justice*.

Les faux témoins, achetés avec profusion, ne manquèrent point à leur devoir ; ils mirent en vérité une conscience scrupuleuse à mériter leur salaire.

Deux faits évidents venoient fatalement à l'appui de ces accusations ; la disparition des bijoux et des diamants de Déborah, et le billet renfermé dans le coffret d'acier déterré par Chris, que Cockermouth déclara avoir trouvé dans l'appartement de sa fille. Il ne contenoit que peu de mots, mais si accablants !

« Encore quelques heures, et nous n'appartien-
» drons plus qu'à Dieu : nous serons libres !

» A demain, *my dear* Déborah, comme il est con-
» venu, quoi qu'il arrive, à neuf heures précises au
» pied de la terrasse dans le sentier creux de Killar-
» ney ; venez sans crainte, votre Patrick y sera.

» N'oubliez pas, dans le trouble du départ, ce que
» vous possédez de précieux ; pour vous j'ai horreur
» du besoin. »

Placée dans la plus douloureuse alternative, ne pouvant justifier son amant qu'en dévoilant son père, et ne pouvant sauver son père qu'en immolant son amant, Déborah se renferma inexpugnablement dans cette obscure dénégation : « Patrick est innocent, Patrick ne m'a ni volée ni assassinée. Mon père n'a pas tué Patrick, car Patrick est en France. » Il fut impossible de lui arracher une syllabe de plus.

Après quelques débats insignifiants, la Cour, trouvant sa religion assez éclairée, entra lestement en délibération, et lestement, l'heure du dîner approchoit, prononça la sentence condamnant par contumace Patrick, convaincu de séduction, de rapt, de vol et d'assassinat, à la peine capitale.

A la lecture de cet arrêt, Déborah se jeta à genoux au milieu du tribunal, en criant : Grâce pour Patrick, il est innocent !...

Les juges levèrent la séance, et le comte fit emporter sa fille évanouie.

Sur le soir, MM. Templeton et Gunnerspoole accoururent au souper magnifique que lord Cockermouth avoit fait préparé pour célébrer l'arrêt mémorable de leur justice éclairée et pure. Il poussa la barbarie jusqu'à vouloir y faire assister Déborah, mais elle se révolta ouvertement, et n'y parut point.

Toute la nuit, cependant, elle fut dans la nécessité d'entendre, de son lit, où elle gémissoit, leurs éclats de rire, leurs propos effrénés, leurs joies de bas lieux.

Au point du jour elle se leva sans bruit. Pour sortir, il falloit passer par la salle de l'orgie : le spectacle qu'elle y rencontra n'ébranla pas sa résolution, mais il remplit son âme d'une douloureuse pitié. Les deux juges, ivres-morts, avoient roulé sous la table ; Chris était enveloppé dans la nappe parmi un monceau de bouteilles ; et son père, tout couvert de sanies, dans le désordre de Noé, dormoit étendu sur le carreau.

Ayant trouvé place dans un carrosse public qui partoit, elle y monta pour s'éloigner au plus tôt de Tralée, et se rendre à Dingle-i-Couch, où on lui avoit fait espérer qu'elle trouveroit plusieurs bâtiments appareillant pour les côtes de France.

Peu de temps après son départ de Tralée, à la clôture des Assises, sur la grande place, Patrick Fitz-Whyte fut pendu en effigie.

XIV.

ABSORBÉE par la joie inquiète de revoir Patrick, Déborah, les yeux bandés, traversa la Normandie comme un amoureux mélancolique traverse la ville pour aller saluer sa bien-aimée. Que lui importoit Dieppe, son Saint-Jacques, ses Poletois et ses ivoiriers! que lui importoit la vallée d'Arques, son château et ses ruines! que lui importoit Rouen, son Saint-Ouen et son Bourg-Théroulde! que lui importoit Gisors, son église et sa tour! que lui importoit les odorantes pommeraies, les maisons de bois, les collines solitaires, le beau ciel bleu-turquin de ces vallées! Son âme n'aspiroit qu'à Patrick; son regard immobile ne cherchoit à percer le désespérant horizon que pour venir mourir à ses pieds. Voir sans Patrick, éprouver sans Patrick, admirer sans Patrick, c'eût été mal, si c'eût été possible. Il n'y a qu'un cœur désert ou un cœur meurtri qui puisse seul s'en aller voyageant et musant par le monde : le cœur désert pour combler son vide, le cœur meurtri pour essayer à oublier.

Comme une heure du matin sonnoit, le coche arrivoit aux portes de Paris : du sein de la nuit Déborah entendit alors s'élever la voix du rossignol qui chantoit. Ce gazouillis mélodieux, semblant fêter sa bienvenue et de la part de Dieu lui présager du bonheur, caressa voluptueusement son âme, et chassa les rêveries chagrines qui l'agitoient. Depuis ses derniers rendez-vous nocturnes, depuis que toute félicité lui avoit été enlevée, depuis l'excès de ses maux, elle n'avoit point ouï chanter le rossignol, le *rossin-ceol;* elle se crut retournée au temps où elle avoit passé de si belles nuits avec Patrick, assise au bord du torrent, parmi les rochers de *la Gorge du Diable*, ou errante dans les genêts épineux de *Dove-Dale*, le val de la tourterelle, élevant son âme par la contemplation de la nature et par le culte de l'amitié.

Dès les premières lueurs du jour, Déborah, dévorée d'inquiétude, et que les fatigues même du voyage n'avoient pu assoupir sur le lit où elle s'étoit jetée, sortit, accompagnée, pour la conduire, d'un garçon de l'auberge des Messageries. En arrivant au quai du Louvre, elle ressentit une violente émotion, à l'aspect de cette galerie qui borde au loin la Seine; cette longue façade insignifiante, à quelques mensonges près, se dérouloit pour elle comme un immense papyrus : elle le parcouroit du regard, elle y cherchoit l'hiéroglyphe dont elle seule avoit la clef. Ces murailles, muettes pour la foule, avoient une voix pour elle, une voix douce ou déchirante, une parole arbitre de son sort.

Une, deux, trois, quatre, cinq.... Elle compte les

pilastres : soudain sa joie éclate, elle apperçoit près du sixième, comme il avoit été convenu, des caractères tracés sur une des pierres du soubassement; elle s'approche, elle lit : PATRICK FITZ-WHYTE, *hôtel des Mousquetaires.* — Dans l'enivrement, elle chancelle, elle balbutie; elle n'a plus ni raison, ni bienséance; elle couvre de baisers ce mur dépositaire fidèle, elle passe sa main douce sur cette inscription, elle la caresse; elle pleure, elle sourit; elle parle irlandois; elle s'agenouille, elle prie.... Puis, crayonnant quelques mots sur un portefeuille, elle le donne au domestique, ébahi : — Allez, s'il vous plaît, lui dit-elle, et de suite, à l'hôtel des mousquetaires; vous demanderez M. Patrick Fitz-Whyte, et lui remettrez ceci, à lui-même; tâchez de l'amener avec vous, je retourne à l'hôtellerie.

S'étant égarée plusieurs fois dans son chemin, en rentrant elle trouva Patrick, qui depuis long-temps l'attendoit; follement, ils s'élancèrent dans les bras l'un de l'autre, et confondirent, dans un savoureux baiser, leurs pleurs et leur ivresse. Ils se couvroient des plus tendres caresses, ils échangeoient les mots du plus pur amour. Patrick, après ces premiers transports, s'apperçut du deuil de Déborah; sa joie en fut troublée, des sentiments tristes, des regrets s'y mêlèrent. Déborah demeuroit en admiration devant l'élégance de son ami; la soubreveste de mousquetaire rehaussoit sa riche taille, et faisoit paroître dans touts ses avantages sa belle tête blonde.

Pendant le déjeûner, tour à tour, ils se racontèrent tout ce qui avoit marqué leur existence, tout ce qui leur étoit survenu depuis leur séparation. Déborah, pour détourner l'affliction et le désespoir du cœur de Phadruig, passa sous silence un seul fait, — priant Dieu qu'il fît qu'il l'ignorât toujours, — le jugement des juges de Tralée, et sa condamnation au gibet.

Ce jour même Patrick installa Déborah dans un petit logement de l'hôtel Saint-Papoul, situé rue de Verneuil.

Leur soin le plus empressé fut d'aller remercier le Seigneur, qui avoit protégé leur fuite et leur réunion, et de le prier de bénir leur alliance, de veiller sur eux, jeunes, sans appui, jetés sur une terre étrangère et dissolue, et de les confier à la vigilance de ses Anges, afin qu'ils les détournassent de tout scandale, et qu'ils les gardassent dans touts leurs chemins. Ils passèrent ainsi toute la soirée en dévotion, dans une chapelle obscure de l'abbaye Saint-Germain-des-Prés; l'église étoit placide et solitaire, une seule lampe veilloit comme eux.

Patrick consacroit à Déborah touts les instants, touts les loisirs que lui laissoit son service militaire : il les employoit auprès d'elle à savourer les voluptés inépuisables de l'amour, de l'amitié, de la vie domestique, de la retraite. Fitz-Harris venoit très-rarement dîner avec eux, ou passer quelques heures en leur compagnie. Depuis long-temps il s'étoit fait un grand refroidissement dans leurs rapports. Les faveurs du colonel pour Patrick, et les marques publiques d'estime qu'il lui donnoit, avoient envenimé le cœur de Fitz-Harris, naturellement envieux. Il le jalousoit pour sa beauté, son esprit, son savoir, et même aussi pour Déborah. D'un autre côté, Patrick n'avoit pas été long à sentir qu'on ne pouvoit faire son ami qu'avec beaucoup de restriction et de réserve d'un homme aussi parleur, aussi conteur que Fitz-Harris : bavard mystérieux, ayant toujours quelque secret à promener d'oreille en oreille, s'épanchant à tout venant, honorant l'univers de ses confidences, et divulgant souvent même à son grand dommage, entraîné par sa monomanie de récit, ses plus délicates intimités, qu'il eût dû enfouir dans le plus profond de son cœur.

XV.

Quand le ciel étoit serein, ils sortoient, ils s'en alloient prier dans quelque église qu'ils ne connoissoient point encore, ou visiter quelque monument, quelque musée, quelque promenoir : ils se plaisoient surtout à parcourir les environs de Paris, leurs bois, leurs palais, leurs châteaux.

Un jour, comme ils entroient dans le jardin des Tuileries, ils furent apperçus par M. de Gave de Villepastour, le colonel de Patrick, qui se promenoit sur la terrasse des Gardes.

— Quel heureux mortel que ce Fitz-Whyte ! manger du pain des dieux !... Le voyez-vous passer là-bas, — dit-il à Fitz-Harris, qui se trouvoit auprès de lui, — avec cette corbeille de fleurs au bras ?

— Quelle corbeille, mon colonel ?

— Quelle corbeille ?... lourdaud !... Cette Égérie ! cette Dryade qui l'accompagne toujours. Vous devez savoir, sans doute, Fitz-Harris, vous qui êtes son Pylade, quelle est cette nymphe aux cheveux d'ébène.

— Aux cheveux d'ébène ?... Mon colonel, le signalement n'est pas très-positif : la famille des ébénacées est très-nombreuse; les naturalistes, mon colonel, distinguent l'ébénier, l'ébénoxyle, le plaqueminier, le paralée, le royen,..... et de plus, mon colonel, l'ébène rouge, l'ébène verte, l'ébène grise, l'ébène noire, l'ébène blanche. Entendons-nous, la nymphe a-t-elle des cheveux d'ébénier, d'ébénoxile, de plaqueminier, de paralée ou de royen? la nymphe a-t-elle les cheveux rouges, verts, gris, noirs, ou blancs?

— Fitz-Harris, vous faites à pure perte le mauvais plaisant : vous postulez sans doute la place de fou de la Cour? mais, depuis la mort de l'Angely, et du stupide Maranzac, bouffon de feu monseigneur, fils de Louis XIV, l'économat des folies est supprimé.

— Les princes, mon colonel, font aujourd'hui leurs affaires eux-mêmes.

— Déjà plusieurs fois, je les ai rencontrés ensemble. La beauté de cette créature est *enchanteresse!* Un col blanc comme un cygne!...

— Pardon, mon colonel, si je vous interromps, mais vous n'avez donc pas vu, au château de Choisy-le-Roi, les cygnes noirs de madame Putiphar?

— Si fait : mais ce sont des cygnes mauvais teint, ce sont des cygnes de Cour.

Plaisanterie à part, cette fille est une Vénus!...

— Une Vénus!... Alors, mon colonel, elle est bonne à faire des pipes turkes.

— Que veux-tu dire?

— Je veux dire des pipes d'écume-de-mer.

— Oui ! tout en elle est séduisant : taille fine, petits pieds, peau d'albâtre !...

— Entendons-nous encore, mon colonel, les naturalistes distinguent l'albâtre qui est brun, de l'alabastrite, qui est blanche : si vraiment elle avoit une peau d'albâtre, je vous en demande pardon, elle auroit là un détestable parchemin !

— Mauvais Scaramouche ! vous m'assommez avec vos pasquinades ! Vous oubliez, je crois, que vous parlez à M. de Gave de Villepastour, votre colonel ? Vous me manquez de respect !

— C'est vous qui me manquez,... mon colonel ; suis-je votre proxénète ! Vous vouliez me faire trahir l'amitié : j'ai fait la sourde-oreille. Mais puisque vous le prenez ainsi, après tout, elle est assez grande pour se défendre, je m'en lave les mains : voici donc ce qu'à tout prix vous voulez savoir ; — c'est une jeune Irlandoise, d'une haute et noble famille, qui s'est amourachée de Patrick, et l'a suivi en France ; elle a vingt ans, elle est belle, elle est chaste : — vous y perdrez votre mythologie, mon colonel ; passez outre ; — elle habite l'hôtel Saint-Papoul, rue de Verneuil ; et si vous désirez la voir, la chose est simple : elle est touts les dimanches à l'abbaye Saint-Germain-des-Prés, à la messe de midi.

— Tout en faisant le Romain, Fitz-Harris, vous êtes un perfide ! A votre œil je vois la secrète joie que vous éprouvez à trahir un homme qui vous aime ; plus que moi de savoir, vous brûliez de me dire ce que vous feigniez vouloir me taire. C'est une mauvaise action que vous avez faite là. Ce n'est pas la première fois que, sous le masque de l'amitié, vous avez cherché à nuire à Patrick ou à le perdre en mon esprit. Vous êtes un lâche envieux! Ce n'est pas ainsi que Patrick a acquis mon estime, que vous n'aurez jamais.

En disant cela, le colonel lui tourna le dos et s'éloigna. — La leçon étoit dure : Fitz-Harris se mit à siffler en la dévorant.

M. le marquis de Gave de Villepastour étoit le produit incestueux d'un amour de la Régence; la chronique scandaleuse disoit que du sang superfin couloit dans ses veines. Pour certain, un bras puissant, un bras presque royal, dans l'ombre, l'avoit poussé et protégé, et, quoique à peine âgé de vingt-cinq ans, en avoit fait un colonel. Bon chien chasse de race; aussi chassoit-il bien, mais avec un voile et des mitaines, c'est-à-dire qu'il conservoit, jusques en ses déréglements, un décorum que les courtisans fouloient aux pieds. Il lui restoit encore dans ses débauches une façon de pudeur dont les francs roués auroient rougi, et quelques traditions, — je n'ose dire sentiments, — du bien et du mal, du juste et l'injuste, entièrement perdues à la Cour; et qu'il devoit à son précepteur, homme du grand règne, dont, après tout, les leçons rigides n'avoient abouti qu'à faire une espèce d'hypocrite. — En somme, M. le marquis n'étoit qu'un fat, un gentillâtre, plein d'afféterie dans ses manières et dans ses paroles, cérémonieux, complimenteur, faux, ridicule et musqué; un exemplaire bipède du *Voyage en Italie* de Dupaty, ou des *Lettres à Émilie sur la Mythologie*, de Dumoustier.

Fort satisfait des renseignements que lui avoit donnés Fitz-Harris, il ne l'avoit gourmandé si rudement que pour ne lui point avoir d'obligation de sa trahison, et pour faire de la dignité avec un homme qui ne savoit point mettre de frein à ses goguenarderies.

Le dimanche suivant, à midi précis, tout odoriférant comme un bouquet, tout emmitouflé de dentelles, tout habillé de satin vert-naissant, emblême de son amoureux espoir, il accourut à Saint-Germain-des-Prés, et fut se placer contre un piller de la nef, auprès de lady Déborah.

A force de minauderies, il parvint bientôt à attirer un de ces regards. Ce premier succès l'enivra et le rendit plus obséquieux encore. Ses Heures lui ayant échappé des mains, il s'agenouilla précipitamment pour les ramasser, et ne les lui rendit qu'après les avoir couvertes de baisers. Il se penchoit sans cesse à son oreille, en murmurant :

— Vous êtes adorable! je vous adore! vous êtes un Ange! vous êtes divine!... D'autres fois, avec une ferveur indécente, il lui adressoit presque directement des strophes de psaumes ou des passages de prières pouvant faire allusion. *Rosa mystica*, rose mystique! lui disoit-il; *Turris eburnea*, tour d'ivoire! *Domus aurea*, habitacle doré! *Vas insigne devotionis*, vase éclatant de dévotion! *Janua cœli*, porte du ciel! *Stella matutina*, étoile matinière, étoile du berger, étoile de Vénus! *Fœderis arca*, arche d'alliance!... *Columba mea*, ma colombe!... *Sic lilium inter spinas, sic amica mea inter filias*, tel un lys parmi des ronces, telle mon amie parmi ses compagnes!...

Déborah, de peur de se faire remarquer, n'osoit ni se plaindre ni changer de place, et supportoit avec une résignation évangélique toutes les impudences et touts les manèges du marquis; elle affectoit de n'y faire aucune attention, et y demeuroit aussi insensible et aussi froide qu'une statue aux agaceries d'un enfant.

A la sortie de la messe, M. de Villepastour la poursuivit, et l'accosta sur le porche:

— Mille pardons, mademoiselle, mais ne seroit-ce pas à votre jolie main ce joli gant que je viens de trouver à votre place?

— Pardon, monsieur; vous me l'avez dérobé pendant le lever-Dieu.

— Trouvé ou dérobé, qu'importe!... veuillez croire seulement que la restitution de ce talisman seroit pour moi un douloureux sacrifice, si ce sacrifice ne m'avoit pas fait ouïr le son mélodieux de votre voix.

— De grâce, monsieur, passez votre chemin; laissez-moi.

— Vous laisser! hélas! l'acier peut-il s'éloigner de l'aimant qui l'entraîne?

— Ayez pitié de moi, monsieur; ne me couvrez pas de honte. N'étoit-ce donc pas assez de vos impiétés dans la maison de Dieu!

— Mes impiétés?... je vous adorois, je me croyois au temple d'Amathonte!... A deux genoux, faut-il que je vous en supplie, ne me repoussez pas. Dès la première fois que je vous vis, miss, votre beauté me frappa, me ravit, m'embrasa du plus ardent amour; j'ai fait de longs efforts pour l'étouffer; je n'étois pas assez présomptueux pour oser aspirer à vous, trésor de perfections; lutte inutile! je n'ai fait qu'enfoncer plus avant la flèche que je voulois arracher. Je le sens bien maintenant, l'amour ne peut se guérir que par l'amour. Ne soyez pas inhumaine, ne soyez pas sourde à tant de passion! un sourire, qui ne soit pas de mépris, un regard, qui ne soit pas de dédain, un mot, qui ne soit pas de colère, et vous verserez un peu de calme et de joie dans l'âme d'un désespéré, et du plus infortuné des amants vous ferez le plus heureux.

— Monsieur, de grâce, je vous le répète, retirez-vous! Me voici dans la rue que j'habite : voulez-vous me perdre aux yeux du monde, aux yeux de mon époux? Il n'est qu'un homme dangereux et pervers qui puisse ainsi se faire un jeu de l'honneur d'une femme!...

— Votre honneur m'est aussi cher que le mien, mademoiselle: Dieu me garde de jamais l'entacher, j'en aurois un remords éternel! Je me retire, espérant que cette déférence sera appréciée à son prix, et rendra votre cœur plus miséricordieux pour moi, qui dépose à vos pieds mystère, amour, obéissance.

Toutefois, le marquis de Villepastour ne s'éloigna

point entièrement; il la suivit à quelque distance pour s'assurer de la vérité des rapports de Fitz-Harris. Après l'avoir vue entrer à l'hôtel Saint-Papoul, il continua sa route d'un air de parfait contentement, d'un air presque badin.

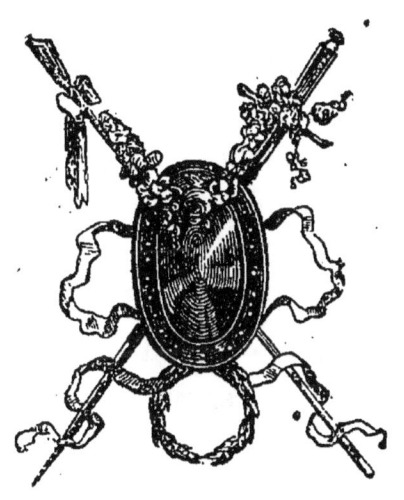

XVI.

A cette même époque, Fitz-Harris reçut de Killarney une lettre de son frère, dans laquelle il lui étoit conté que leur ancien camarade Patrick Fitz-White, disparu du pays, venoit d'être, aux assises, condamné à mort par contumace, et d'être pendu en effigie sur le port de Tralée, pour séduction, assassinat et vol de la fille de lord Cockermouth. Cette affreuse nouvelle, bien loin de causer de l'affliction à Fitz-Harris, je répugne à le dire, n'éveilla en son cœur plein d'envie qu'une secrète joie. Il s'empressa d'acquiescer au jugement calomnieux des juges de Tralée : il éprouvoit trop de plaisir à trouver Patrick coupable pour ne pas ajouter foi à cette incroyable condamnation.

Aussitôt il communiqua cette lettre à ses camarades intimes, disant à chacun qu'il l'honoroit seul de cette confidence, et qu'il eût ainsi à en garder le secret. Mais, comme lui, touts avoient des confidents, et ces confidents en avoient touts d'autres ; si bien qu'en peu de jours ce secret devint, au régiment, le sujet général de la conversation, et parvint aux oreilles de Patrick, qui en fut navré de douleur.

A la pension des sous-officiers, au dîner, devant touts ses compagnons, il ne put se défendre d'adresser de vifs reproches à Fitz-Harris.

— Que vous ai-je donc fait, lui dit-il, pour avoir mérité tant de haine ou si peu d'égard? Moi, votre compatriote, moi, votre ami, vous m'avez traité bien méchamment! Ce n'est pas à ces messieurs que vous eussiez dû faire connoître premièrement la lettre que vous avez reçue d'Irlande, c'étoit à moi. Vous eussiez dû mettre au moins plus de circonspection, et ne point vous en rapporter si témérairement au dit-on d'une correspondance. Le fait est-il controuvé, le fait est-il faux? vous l'ignorez. Je dois à la vérité de vous dire, messieurs, qu'il ne l'est pas. Mais il est une chose que vous n'ignoriez point, vous, mon ami, vous, introduit dans mon intimité.... Ici, messieurs, pour me laver de l'infâme condamnation qui pèse sur moi, il faudroit que je vous fisse des révélations que l'honneur me défend et me défendra toujours de faire. Il doit être suffisant de vous dire pour vous faire sentir toute l'énormité de ce jugement, que la femme qu'on m'accuse d'avoir assassinée et volée, miss Déborah, comtesse de Cockermouth-Castle, est ma bien-aimée et mon épouse. — La plupart de vous, messieurs, l'ont vue à mon bras.

Je sais que pour le meurtrier il n'est pas de pitié; je sais que rien n'excite plus notre dépit et notre indignation, que les déceptions d'estime; quand nous sommes désabusés sur le compte d'un homme que nous honorions et que nous cultivions comme vertueux, je sais combien est grande notre colère; je sais que notre devoir est de le démasquer et d'appeler sur lui la réprobation : mais, Fitz-Harris, vous n'avez pu douter un seul instant de moi; vous n'avez pu et vous ne pouvez me croire criminel, non, cela est impossible! Vous à qui mon cœur étoit ouvert comme un livre, quelque effort que vous fassiez pour vous aveugler, pour étouffer la voix qui dans le fond de votre conscience, vous crie que je suis pur et juste! — Je croyois à votre amitié, Fitz-Harris!

— Messieurs, que pensez-vous de cette complainte? s'écria alors Fitz-Harris d'un air moqueur.

— Messieurs, que pensez-vous de cette perfidie?... Harris, je vous accuse de trahison!

— N'avez-vous pas une épée, Patrick?

— Messieurs, ceci est un cri de sa conscience : on provoque en duel qui on estime pour son égal, et non point un homme d'opprobre digne de l'échafaud qui le réclame, un assassin!

Je ne me venge pas avec le fer, Fitz-Harris!

— Vous vous battrez!

— Je ne me bats pas.

— Alors vous m'égorgerez au détour d'une rue.

— Je ne me venge pas avec le fer.

— D'une heure à autre, Fitz-Harris, l'estime et l'amitié que je porte à un homme ne se détruisent pas : mon amitié se fonde sur de l'estime, mon estime sur de nobles qualités, et les nobles qualités, vous le savez, ne sont ni passagères ni volages. Parce qu'un ami dans un moment d'erreur m'a blessé, cet ami n'est pas moins, en dehors de cette faute toute personnelle, avant comme après, à mes yeux comme aux yeux de touts, un galant homme, rempli de bons sentiments et digne d'être estimé. L'amour et l'amitié ont un flux et reflux de peines et de plaisirs, de maléfices et de bénéfices : j'aurois le plus profond mépris pour moi-même, si mon amour ou si mon amitié croissoit et décroissoit suivant ce flux et ce reflux, s'ils n'étoient pas, une fois donnés, inaltérables.

Fitz-Harris, déconcerté, ne répliqua pas à ces dernières paroles ; il se fit seulement quelques chuchotements indécents autour de la table.

Le bruit se répandit bientôt dans la caserne, et Fitz-Harris contribua de touts ses efforts à l'accréditer, que Patrick avoit refusé de se battre, que Patrick étoit un lâche qu'il étoit impossible de faire aller sur le terrain. Non content d'en faire un poltron, on en fit un sot : la scène du dîner fut falsifiée et riiculisée et devint un thême de dérision.

XVII.

Le marquis de Gave de Villepastour étoit fort inconstant dans ses goûts satisfaits, mais très-fidèle à ses désirs. Quelques jours après la messe de Saint-Germain-des-Prés, résolu à faire une nouvelle algarade, et sans autres justes motifs, ayant condamné Fitz-Whyte aux arrêts, il s'enveloppa d'un manteau qui le déguisoit parfaitement, et vint à l'hôtel Saint-Papoul, sonner à la porte de lady Déborah.

Elle attendoit Patrick, elle ouvrit précipitamment.

— M. Mac-Whyte, s'il vous plaît? dit-il en contrefaisant sa voix.

— Il est absent, monsieur, mais il ne tardera pas à rentrer.

— En ce cas, veuillez me permettre de l'attendre, j'ai grand besoin de le voir et de lui parler.

— Entrez, monsieur.

A peine la porte refermée sur lui, M. de Villepastour, faisant l'agréable, s'écria : — Ma belle miss, vous avez introduit le loup dans la bergerie; il n'est plus besoin de houlette ni de hoqueton! — Et, rejetant au loin son chapeau et son manteau, il se montra comme la première fois, dans son brillant costume vert-naissant.

A cette vue, Déborah poussa un cri de frayeur, et s'enfuit au fond de son appartement : il l'y suivit, et se jeta à ses genoux.

— Par votre petite babouche que j'embrasse, et votre joli pied qui l'habite, et pour lequel je donnerois touts les trônes et touts les sceptres des rois, ne me fuyez pas, mademoiselle! Ne craignez rien, vous êtes avec moi en noble et sûre compagnie. J'aimerois mieux perdre la vie à l'instant que vous causer la moindre douleur. Ne vous offensez pas de la ruse que j'ai employée pour pénétrer auprès de vous; je sais bien tout ce que ma conduite a d'effronté et d'indélicat; mais quand la passion commande, quand la raison est foulée aux pieds, pourroit-on écouter la froide bienséance? Je languissois; il falloit que je vous visse, que j'entendisse votre voix; que je m'enivrasse de vos émanations, car vous êtes une fleur de beauté, cruelle miss, une tulipe emplie de nectar : heureux les frelons qui boivent à votre calice!... Hélas! où m'entraîne mon délire?... Hélas! hélas! je suis fou, fou d'amour....

Non, M. de Villepastour n'étoit ni délirant ni fou; il jouoit seulement la comédie avec assez d'adresse. Il n'avoit pas le plus léger sentiment pour Déborah, son âme étoit froide, sa tête brûlante. Son pouls battoit, les désirs sensuels l'entraînoient: l'ardeur de la volupté l'animoit; il caressoit en imagination un corps admirable, que ses regards de faune devinoient; toute sa pensée étoit là; étreindre ce beau corps, labourer de baisers ces charmes nus.

L'innocente Déborah, trompée par ces faux-semblants, fut émue un instant, la force lui manqua pour repousser durement un beau jeune homme qui lui paroissoit plus malheureux que coupable. Quelle que soit la candeur d'une femme elle ne peut se défendre d'un secret orgueil lorsqu'un amoureux courbé à ses pieds lui révèle la puissance de sa beauté.

— Relevez-vous, monsieur, lui dit-elle alors avec un accent d'émotion; elle étoit si troublée qu'elle ne put en ajouter d'avantage.

— Qui relève, pardonne. Oh! vous me pardonnez. Oh! vous êtes bonne, comme vous êtes belle! Tant d'attraits, tant de perfections ne sauroient recéler une âme inhumaine. Oh! je vous remercie; laissez que je vous baise les mains! J'avois par l'excès de ma flamme mérité tout votre courroux; mais vous avez daigné comprendre, vous êtes si bonne, que la faute en est à vos charmes séducteurs, et qu'il seroit mal de punir en moi un tort qui procède de vous.

— Si je vous ai prié de vous relever, monsieur, c'est parce qu'il m'étoit importun de vous avoir à mes genoux, dit sèchement Déborah, blessée profondément de l'air déjà triomphant et du chant de victoire du marquis; et si je vous prie de vous retirer, c'est parce qu'il m'est importun que vous soyez ici. Sortez, je vous en prie!

— Oui, je le sens, je dois vous être importun, je vous suis tout étranger encore. En effet, rien n'est plus insipide que de se trouver seul à seul avec un être indifférent ; mais de cet être indifférent et étranger que je vous suis, tel est le pouvoir de l'amour : avec un seul regard, un seul mot vous pouvez, sublime métamorphose ! faire un esclave, un ami, un amant lié à vous par des chaînes de fleurs. Allons, laissez tomber sur moi ce regard initiateur, dites ce mot magique, que je change de sort !

— Monsieur, vous perdez auprès de moi votre merveilleuse jactance ; soyez-en plus ménager ; un muguet comme vous doit souvent en avoir besoin. Croyez-moi, je ne vous serai jamais rien, pour cent raisons, et parce que, vous ne devez pas l'ignorer, je suis liée non par des liens de fleurs, mais par des liens indissolubles.

— Des liens indissolubles, *my dear miss*, sont de lourdes chaînes, qui pour être supportables ont besoin d'être cachées sous des guirlandes de roses.

— Mais, c'est tout franc, du Marmontel ! Monsieur fait sans doute un poème d'opéra ?

— Dont vous êtes l'héroïne farouche, ma belle dame.

— Et vous, sans doute, le héros galantin non moins que fastidieux. Mais, je vous en supplie, monsieur, vous m'obsédez, retirez-vous ! Vous le savez, j'attends mon époux ; je tremble à chaque instant qu'il ne vienne ; partez ! je vous en supplie, qu'il ne vous trouve pas ici. Épargnez-vous un esclandre, épargnez-moi une scène horrible à voir : il est si violent, si jaloux, il vous tueroit !

— Ho! ho! mais vous en faites un ogre : je suis curieux de savoir comment il me dévorera, et je demeure....

— Partez, de grâce, je vous en supplie à genoux, monsieur.... Grands-Dieux! on sonne.... C'est lui! vous êtes perdu! je vous l'avois bien dit....

— Qu'il soit le bien-venu céans.

— Que faire?...

— Ouvrez.

— Non, monsieur; je serai plus généreuse que vous n'en êtes digne, j'aurai pitié de vous : tenez, voici la porte d'un escalier secret, prenez-le; partez, fuyez!

— Partir? fuir?... Non, merci : à d'autres votre escalier dérobé, pour moi, je me plais fort ici, et n'en bougerai pas. Ouvrez à l'ogre.

— Vous le voulez? soit! Mais ne vous en prenez qu'à vous de ce qui va suivre.

— Ouvrez à l'ogre.

— Assez, monsieur!...

Un moment après, seule, d'un air chagrin, Déborah reparut tenant ouverte une lettre décachetée.

— Hé bien! qu'avez-vous donc? ce n'étoit donc pas lui, ma belle mylady?

— Non, pas encore.

— Mais ce billet est de sa main, je reconnois l'écriture. Il vous annonce, sans doute, qu'il est empêché de venir. Il ne viendra pas effectivement. Je gage que le libertin aura été *bloqué* aux arrêts.

— Vous savez donc?... Seriez-vous aussi mousquetaire?

— En ai-je l'air?

— Non pas, mais l'insolence. — Mon Dieu! mon Dieu! faut-il qu'il ne puisse venir, quand j'aurois tant besoin de lui! Mais, Saints du Ciel! qui me délivrera de vous?...

— Personne.

— J'ai reculé longtemps devant un scandale, vous me poussez à bout : sortez, ou j'appelle au secours, par la croisée.

— Vous n'appellerez pas.

En disant ceci, M. le marquis la repoussa de la fenêtre, puis ferma les serrures au double tour et mit les clefs dans ses poches.

— D'ailleurs, vous voici enfermée avec moi; on n'entrera ici qu'en effondrant les portes : résignez-vous.

Déborah, désespérée, se jeta presque évanouie sur un sopha.

— Mais vous êtes un enfant de vous faire tant de mal pour si peu; mais vous êtes une folle de vouloir faire une scène nocturne, voici neuf heures bientôt, une scène qui vous perdroit de réputation. Nous sommes seuls ici, tout à nous, rien qu'à nous! Personne au monde ne sait ni ne saura que je suis auprès de vous : jamais amours furent-elles plus secrètes, jamais amours furent-elles plus environnées de nuées, et promirent-elles plus de plaisirs! car il n'y a de plaisirs vrais que dans le mystérieux et le soudain. Allons, ma Diane, laissez-vous aller, laissez aller ce beau corps au spasme du plaisir! le plaisir est rare et infidèle, souvent on se donne beaucoup de peines et de fatigues pour le goûter enfin : vous l'avez à vos pieds, qui se consume, cueillez-le !... Follement, vous combattez contre vous-même : je vois bien que vous êtes enflammée aussi ; votre front est pâle, vos yeux étincellent de désirs, votre sein bat doucement dans sa prison, vos mains comme des charbons brûlent mes lèvres, vous frémissez à mes attouchements ! Ah ! je meurs ! rendez-moi caresse pour caresse !... mêlons notre âme, notre vie, notre jeunesse !... Un baiser, un seul,... et je serai un demi-dieu !

Que vous êtes cruelle, madame !...

— Que vous êtes dangereux !

— Que vous me faites souffrir ! Caresses, pleurs, menaces, désespoir, rien ne peut donc sur vous ?

— Rien ; Dieu m'assiste, je ne succomberai pas.

— Vous êtes une muraille !

— Contre laquelle vous vous brisez, monsieur.

— Je vois avec peine que vous avez votre éducation à refaire, madame ; vous avez toujours vécu éloignée de la Cour, vous êtes garnie de préjugés bourgeois et de mœurs provinciales ; vous auriez un beau succès de ridicule à Versailles.

— C'est le seul qu'une honnête femme puisse envier en ce lieu.

— Pourtant si ce n'étoit votre sauvagerie, votre beauté vous y donneroit de tout autres droits, ce n'est que là que vous pourriez paroître dans toute votre splendeur.

— Recevez mes compliments, votre luth de séduction n'est pas monotone : sans résultat vous avez touché la corde de la passion, maintenant vous essayez celle de l'orgueil.

— Votre amant, ou votre époux comme vous le nommez, n'est qu'un simple mousquetaire; je suis mieux que cela : ma parole est de poids, mon bras est puissant; si vous lui portez quelque intérêt, à ce pauvre garçon, si votre destinée est liée à la sienne, pourroit-il vous être indifférent de le voir prospérer, de le voir monter au faîte des faveurs et de la fortune?

— A merveille! Maintenant, voici que résonne la corde de l'ambition.

— Auriez-vous fait, par hasard, des projets de fidélité conjugale, en quittant votre île? Mon Dieu! qu'on est arriéré dans votre Irlande! Mais ce seroit un meurtre que tant de perfections, tant de beautés, si bien faites pour être célèbres, passassent incognito sur cette terre. La femme est le plus bel instrument créé; mais abandonnée à elle-même, c'est le meuble le plus morne et le plus insignifiant. Pour mettre en jeu la poésie et l'harmonie qu'elle recèle, il faut, comme au clavecin, qu'une main habile se promène sur son clavier d'ivoire; il faut qu'une bouche amoureuse l'anime de son souffle, comme un haut-bois.

— Vous êtes infatigable.

— Ce n'est qu'un titre de plus, mylady.

— Vous êtes impudent!

— Qui n'est pas impudent ne sera jamais seigneur en amour.

— A ce compte, vous devez y être roi.

— Roi et roué, madame.

Petit à petit le marquis s'étoit glissé doucement sur le canapé, aux côtés de Déborah, et cherchoit à lui saisir la taille et les mains.

— Laissez-moi, monsieur, ne m'approchez pas; je vous le dis, touts vos efforts sont vains. Allez-vous recommencer vos assauts? Vous êtes un fou!

— Ah! que n'êtes-vous une folle, nous serions plus sages touts les deux : moi, je ne m'acharnerois pas à vouloir attendrir un cœur de marbre, et à semer mon grain parmi les pierres; vous, mistress, vous ne laisseriez pas s'écouler en paroles et en simagrées, un temps qui, pour notre bonheur mutuel, pourroit être si délicieusement employé. Que de caresses déjà nous eussions dû échanger! que de baisers déjà nous eussions dû cueillir, que de pâmoisons!... A propos, aimez-vous les estampes, belle miss? Tenez, j'ai là sur moi un livre plein d'excellentes gravures, dont les dessins sont attribués à Clodion. Approchez la bougie, tenez, voyez.

Le marquis de Villepastour avoit tiré de sa poche un petit livre richement relié, et il le présentoit ouvert à Déborah; c'étoit une de ces compositions dégoûtantes d'obscénité, ornées de dessins, pour l'intelligence et l'illustration du texte, comme il s'en fabriquoit et s'en consommoit tant à cette époque immonde. Elle laissa tomber dessus un regard confiant, qu'elle détourna aussitôt, en jetant un cri d'horreur, et en repoussant au loin cette ordure. Le marquis courut la ramasser soigneusement, en riant jusqu'aux larmes de sa fine plaisanterie.

— Voilà donc le cas, belle dame, que vous faites des *Heures de Cythère*?...

— Monsieur, vous avez tout mon dégoût et tout mon mépris!

— Ces gravures sont vraiment fort belles; à la Cour, elles ont été très-goûtées : les Dames du Palais de la Reine en ont fait leurs délices; et je tiens celui-ci d'une Dame d'honneur. — M. le maréchal prince de Soubise, maréchal surtout en cette matière, avoit souscrit, à lui seul, pour deux cents exemplaires. Si madame veut en accepter l'hommage?...

— Vous me faites horreur! Ne m'approchez pas, ou je crie au feu. Partez, laissez-moi, vous vous êtes fourvoyé; vos pareils n'ont que faire ici. Je vous l'ai dit : je ne vous serai jamais rien?

— Pardon, vous me serez une victime.

Il est déjà dix heures passées, volontiers je coucherois en votre lit, si, auprès d'une inspirée Judith comme vous, je n'avois à redouter la parodie d'Holopherne. Bonsoir!

Le marquis, s'étant renveloppé de son manteau, fit plusieurs salutations dérisoires et se retira, gonflé de colère et de dépit, qu'il s'étoit efforcé à déguiser.

XVIII.

Q uand le lendemain Patrick vint visiter Déborah, il la trouva agitée et désolée encore des affronts et des terreurs de la veille.

— Qu'avez-vous, que vous est-il donc arrivé, mon amie? lui dit-il en la baisant au front; vous avez l'air chagrin.

— Hier, mon bon Pat, j'ai bien souffert de votre absence.

— J'aime votre tendresse, et pourtant je la blâmerai: vous n'eussiez pas dû vous alarmer à ce point, la chose n'avoit rien de grave : pour un mot, pour une peccadille, M. de Gave de Villepastour m'avoit consigné au quartier, et mis aux arrêts pour vingt-quatre heures, comme je vous l'ai écrit: c'est là tout, en vérité!

Déborah se garda bien de rendre franchise pour franchise, et de dévoiler l'attentat dont elle avoit été l'objet. La sensibilité de Patrick en auroit été trop affectée; son esprit ombrageux en auroit conçu trop de crainte et de colère, et se seroit consumé dans de mortelles angoisses. A quoi bon d'ailleurs troubler la paix de son âme? Une amante peut être excusable de semer de la jalousie dans un cœur, pour réveiller un amour qui s'y éteint, mais en semer à plaisir dans un cœur exalté et pénétré d'une passion profonde, c'eût été d'une barbarie dont les femmes légères ne se rendent que trop coupables, mais impossible à Déborah. Au surplus, non par calcul, mais par devoir, se fût-elle crue dans l'obligation d'en faire l'aveu, qu'elle ne l'eût pas fait en ce moment, de peur de l'accabler; car lui-même paroissoit soucieux.

Vous êtes préoccupé de quelque sombre pensée, Patrick : quelqu'un ou quelque chose vous a blessé? Quand vous avez l'âme froissée, vous le savez, cela se lit couramment dans vos yeux.

— Je suis, il est vrai, encore tout consterné d'un événement qui m'a rempli de tristesse : Fitz-Harris hier a été arrêté par lettre-de-cachet, et conduit à la Bastille.

— Pour quel crime?

— Fitz-Harris, vous êtes injuste envers lui, n'est point capable d'un crime. Son forfait est assez imaginaire, mais probable. Vous savez combien il est indiscret, bavard, médisant; vous connoissez son application à colporter des épigrammes et des anas scandaleux; il appelleroit, je crois, un bon mot, une parole même qui lui feroit tomber la tête. Dernièrement, à s'en rapporter à l'accusation, il auroit dans un salon récité un quatrain diffamatoire sur madame Putiphar; ce quatrain sans doute depuis long-temps traînoit à la Cour et à la ville. Malencontreusement un agent secret de M. de Sartines se trouvoit à cette soirée, et l'a vendu.

— Je ne vois pas là de quoi vous désoler. Il manquoit aux fables de Fitz-Harris une morale qu'il a trouvée enfin : la Bastille. Il y gagnera peut-être un peu de réserve : c'est une leçon salutaire.

— Dites une leçon terrible : une fois entré, nul ne sait s'il en sortira.

— Ah! ce seroit affreux!...

— Au déjeûner, ce matin, j'ai été déchiré de l'air facétieux avec lequel nos compagnons, et ses soi-disant amis même, ont parlé de sa mésaventure. Ils ont poussé la lâcheté jusqu'à le blâmer d'avoir poursuivi de ses sarcasmes la candide madame Putiphar, qu'ils ont plainte tendrement; ils sont allés jusque-là d'en faire l'apologie, eux qui avoient l'habitude de la couvrir chaque jour de la fange de leurs injures. Oh, mylady, que les hommes sont méprisables! — Je sais bien qu'il n'en est peut-être pas un seul que l'esprit envieux de Fitz-Harris n'ait blessé dans quelque coin du cœur : mais a-t-on jamais droit d'être féroce? Ces messieurs, qui se font une loi de se venger par l'épée, se vengent aussi fort bien par la langue. Ces messieurs, qui se font une loi d'honneur de chercher à arracher la vie à quiconque, même à un ami, qui par hasard les froisseroit, ne se sont pas fait, à ce qu'il paroît, une loi d'honneur de ne point accabler un absent, et de ne point frapper un homme abattu. Pas un n'a exprimé un regret, pas un n'a eu la moindre pensée louable en sa faveur. Malheur à celui qui ne s'est fait des amis que par la terreur que son bras ou sa bouche répand! S'il fait une chute on applaudira. A peine les bûcherons ont-ils abattu un chêne sous lequel venoit se ranger au moindre orage le bétail craintif, qu'il accourt aussitôt brouter et détruire les rameaux qui tant de fois lui avoient prêté un généreux ombrage.

Cette méchanceté, cette hilarité, ce délaissement général, ont fait sur mon cœur de douloureuses impressions, qui m'ont déterminé à prendre le ferme parti de sauver Fitz-Harris.

— Je vous reconnois là, Patrick, toujours noble et grand; mais je doute que cette bonne œuvre soit couronnée de succès.

— Vous savez parfaitement ce que peut la volonté et l'opiniâtreté; vous me l'exprimâtes fort bien autrefois dans un billet. Si je ne réussis pas à lui faire recouvrer sa liberté entière, peut-être réussirai-je à lui abréger sa captivité, et si j'échoue complètement, j'aurai au moins une satisfaction intime; je serai sans reproche.

— Que vous êtes généreux, Patrick!

— Demain, sans plus de retard, j'irai à Choisy, me jeter aux genoux de madame Putiphar : je ferai tant, je l'implorerai si bien, qu'il faudra que son cœur vindicatif se laisse toucher, et qu'elle pardonne, pour la première fois, peut-être.

— Que vous êtes généreux, Patrick! je vous loue; mais ne le faites bien que pour votre satisfaction intime, comme vous disiez tantôt. N'attendez pas que jamais votre générosité soit payée de retour; la générosité n'est pas une monnoie de change : c'est un écu d'or sans effigie; celui qui le reçoit le met à la fonte; c'est une clef d'or qui ouvre aux hommes notre cœur, et qui nous ferme le leur impitoyablement. Quand j'entends une personne en dénigrer ou en calomnier une autre, je suis toujours tentée de lui dire : Vous êtes son obligée, sans doute?... Ce n'est pas que je veuille détruire en vous un haut sentiment, celui de touts qui rapproche le plus la créature du Créateur : la générosité c'est une parcelle de la Providence. Allez! sauvez Fitz-Harris! mais soyez convaincu que nul au monde ne feroit pour vous ce que vous allez faire pour lui; et Fitz-Harris moins que tout autre assurément.

— Grands-Dieux! Sauriez-vous donc?...

— Je ne sais rien. Mais Fitz-Harris est un être de la pire espèce, un bavard, un homme qui met la lampe sous le boisseau, et qui dit *racha* à ses frères.

— Qui vous a donc appris?

— Je ne sais rien, vous dis-je; que ce que me dicte mon cœur.

— Alors vous avez une perspicacité qui tient de l'astrologie; vous êtes éclairée par de divins pressentiments; Dieu vous a douée d'une seconde vue.

— Non : Dieu a seulement emprisonné mon âme dans un instrument frêle et sensitif; tout ce qui le heurte l'ébranle et le fait résonner longuement, et ce sont ces vibrations que mon âme écoute.

XIX.

En effet, le lendemain matin, Patrick, plus résolu que jamais dans sa courageuse entreprise de tirer Fitz-Harris de sa basse-fosse, se rendit de fort bonne heure au château de Choisy-le-Roi, qui avoit, comme beaucoup d'autres choses royales, passé des mains de feu mademoiselle de Mailly, marquise de Tournelle, duchesse de Château-Roux, aux mains de la Poisson, femme Lenormand, dame Putiphar.

La favorite n'étoit pas encore levée : on vint lui annoncer qu'un mousquetaire du Roi lui demandoit audience. Surprise et intriguée de cette visite si matinale, elle envoya aussitôt sa femme de chambre, madame du Hausset, voir ce qu'il pouvoit être et ce qu'il pouvoit désirer.

— Je n'ai point de message à remettre à madame Putiphar, dit Patrick, je n'ai rien à demander pour moi, si ce n'est qu'il lui plaise de me faire la faveur de la voir et de lui parler un moment, faveur dont je lui garderai une reconnoissance éternelle, moment qui sera le plus doux de ma vie.

Madame du Hausset courut reporter de suite à sa

maîtresse ces paroles mêmes. Il m'a dit cela, ajouta-t-elle, avec un ton d'onction et d'excellente courtoisie qui m'a séduite. Il est tout jeune, vingt ans au plus ; il est beau, d'une beauté rare, plus beau que M. de Cossé-Brissac, que M. le comte de Provence ; plus beau que vous ! beau d'une beauté inconnue, beau à se mettre à genoux devant ; c'est un Ange ! c'est un mousquetaire du *Paradis-Perdu.*

— Quel enthousiasme, madame du Hausset, mon Dieu ! Ce matin vous êtes tout salpêtre ! dit madame Putiphar, affectant une profonde indifférence.

— Je n'exagère rien, vous verrez, madame.

Faut-il le faire introduire ?

— Non, ma bonne ; dites-lui que je suis indisposée et ne peux recevoir personne.

C'étoit une fausse nonchalance pour déguiser ses désirs impatients, car elle brûloit de le voir.

— Quoi, vous seriez assez cruelle, madame !...

— Je gage que c'est encore quelque jeune sot amoureux de moi, comme il m'en est si souvent tombé des nues, quelque jeune fat qui vient me faire une déclaration à la Don Quichotte.

— Oh ! non, madame, il y avoit sur sa figure de la raison et du chagrin.

— Assez. Qu'on l'introduise !

Quand Patrick entra, madame Putiphar, étendue gracieusement sur son lit, fit un mouvement d'admiration, et demeura quelque temps à le contempler d'un regard langoureux.

— Madame, je vous demande pardon à deux genoux, dit alors Patrick avec une sensible émotion et avançant de quelques pas timides, si je viens vous troubler jusqu'en la paix du sommeil, et effaroucher de mes tristes prières vos rêveries du matin.

— J'accepte votre visite, mon cher monsieur, comme un heureux présage de la journée qui se lève.

— Je vois avec attendrissement, madame, que j'étois loin d'avoir trop présumé de votre bonté en osant espérer d'arriver jusqu'à vous. Veuillez croire que ni l'orgueil ni une vaine présomption ne m'ont guidé en cette démarche.

— De grâce, monsieur, approchez, prenez un siége et asseyez-vous près de moi.

Sur le velours rouge d'un vaste fauteuil où il s'étoit assis, la belle figure blanche et blonde de Patrick se dessinoit merveilleusement et se coloroit de reflets de laque qui sembloient donner à son incarnat la transparence d'une main présentée à la lueur d'une bougie. Près de lui, sur un petit meuble de Charles Boule, étoient semés, pêle-mêle, des crayons, des pastels, des dessins, quelques planches de cuivre, quelques burins, et *Tancrède* de M. le gentilhomme ordinaire, ouvert à sa *courtisanesque* dédicace.

En ce moment, madame Putiphar travailloit à graver une petite peinture de François Boucher. Déjà elle avoit gravé et publié une suite de soixante estampes d'après des pierres-fines intaillées de Guay, tirées de son cabinet. Aujourd'hui ce recueil in-folio est fort rare, n'ayant été imprimé qu'à un petit nombre d'exemplaires d'amis.

Ainsi, elle s'étoit toujours fort occupée aux beaux-arts, surtout à la peinture. Et c'est ce qui lui avoit attiré, certain jour que M. Arouet de Voltaire l'avoit surprise dessinant une tête, ce madrigal si *trumeau* :

> PUTIPHAR, ton crayon divin
> Devait dessiner ton visage,
> Jamais une plus belle main
> N'aurait fait un plus bel ouvrage.

Patrick paroissoit fort embarrassé ; pour le rassurer et pour lui épargner les ennuis d'une première phrase d'ouverture, elle lui dit avec affabilité : — Vous êtes étranger, sans doute ?

— Je suis Irlandois, madame, et j'ai nom Patrick Fitz-Whyte.

— J'avois cru le reconnoître à votre accent. Vous revenez sans doute des guerres de l'Inde, avec le baron Arthur Lally de Tollendal?

— Non, madame ; je n'ai quitté ma patrie que depuis un an.

— Comment cela se fait-il que vous ne soyez point dans le régiment irlandois du comte Arthur Dillon?

— Pour ne point m'éloigner de Paris, j'ai préféré entrer aux mousquetaires ; et cela m'a été facile, avec l'auguste protection de mes seigneurs François Fitz-James et Arthur-Richard Dillon.

— Si vous êtes ambitieux, si vous voulez arriver à de hauts commandements, vous agiriez sagement de vous faire naturaliser, comme feu le duc James de Berwick.

— Oh! non, jamais, madame. On peut avoir deux mères comme deux patries; mais renier les entrailles qui nous ont conçu, la terre qui nous a donné le jour, ce ne peut être que d'un cœur dénaturé. A l'Irlande mes souvenirs, mes larmes et mon amour; à la France mon dévoûment, ma fidélité, ma reconnoissance; mais je décline devant la prostitution, car c'en est une, de feu M. le maréchal duc Fitz-James de Berwick, Irlandois, francisé, grand d'Espagne.

— Je vous loue de ces nobles sentiments, qui pourtant seront trouvés austères.

— Je n'ignore pas, madame, que l'on traitera cela de préjugé. Si toutes les impulsions et touts les penchants spontanés de l'âme sont des préjugés, je reconnois sincèrement en avoir beaucoup, et quoi que puissent dire nos sophistes et leur vaste philanthropie, un Irlandois sera toujours pour moi plus qu'un Italien; un genêt de Macgillycuddy's-Reeks, plus qu'un marronnier des Tuileries, les belles rives du Loug-Leane, où s'essayèrent mes premiers pas, me seront toujours plus chères que les rives du lac de Genève. Et c'est ce sentiment indéfinissable, mêlé à de l'amitié et de la commisération, madame, qui m'a conduit à vos pieds.

— Parlez sans trouble, mon jeune ami, pour vous je ne suis que charité.

— J'avois aux mousquetaires un seul compatriote, un seul compagnon, un seul ami; madame, il vient par vos ordres d'être plongé dans les cachots de la Bastille.

— Qui donc ?

— Un nommé Fitz-Harris, neveu de Fitz-Harris, abbé de Saint-Spire de Corbeil.

— Fitz-Harris.... Ah! je sais, cet homme infâme!... Comment pourriez-vous, sans honte, vous intéresser à un scélérat ?... s'écria la Putiphar, avec un accent de colère et de rancune.

— En effet, madame, vous jugez bien de mon cœur, il ne pourroit s'intéresser à la scélératesse; aussi vient-il vous demander grâce pour Fitz-Harris.

— Grâce pour un pamphlétaire, un libelliste, allant partout souillant par ses insultes la majesté du trône! un vil calomniateur, qui pousse la lâcheté jusques à outrager une foible femme que Pharaon daigne honorer d'un regard de bienveillance! Non, point de grâce pour cet homme!... Les assassins ne sont pas les criminels les plus dangereux pour une monarchie : le coup de canif de Damiens a gagné autant de cœurs à Pharaon, que les coups de plume de Voltaire lui en ont aliéné. C'est Damiens qu'il eût fallu envoyer à la Bastille, et monsieur votre ami qu'il auroit fallu écarteler.

— On a égaré votre justice, madame : je vous atteste, par Dieu que j'adore, et par tout ce que vous vénérez, que Fitz-Harris n'est point un malfaiteur, un suppôt ignoble et dangereux, un libelliste, un odieux pamphlétaire. Votre police, sans doute, pour faire la zélatrice et faire valoir sa capture, vous l'a dépeint sous des couleurs atroces; mais Fitz-Harris est un homme pur et un fidèle serviteur du Roi.

— Vous niez donc qu'il m'ait outragée publiquement, en déclamant contre moi un poème injurieux.

— Vos agents, madame, sont à coup sûr de Gasgogne ou de Flandre? car ils ont un goût prononcé pour l'amplification et l'hyperbole : ce long poème, cette Iliade diffamatoire se borne simplement à un quatrain, qu'on m'a dit plus mauvais que méchant. Non-seulement, comme vous le voyez, je ne nie pas la faute, mais je ne cherche pas même à l'atténuer : l'atténuer ce seroit la détruire.

Fitz-Harris, il est vrai, et je l'en blâme violemment, a eu un tort, qui, si vous n'étiez pas si bonne, pourroit être impardonnable, celui de répéter dans un salon une épigramme, partie dit-on de la Cour, et qui depuis longtemps couroit le monde; mais il l'a fait, comme on répète une nouvelle, sans intention hostile, sans arrière-pensée, inconsidérément, follement, comme il fait tout. Ayant la vanité d'être des premiers au courant des bruits de ville, il va quêtant des nouvelles à tout venant, et va les remboursant à tout venant, comme on les lui a données; il n'est, vous me passerez cette bizarre comparaison, qu'une espèce de porte-voix, de cornet acoustique, transvasant machinalement tout ce qu'on lui confie ; pour être juste, ce n'est pas lui, instrument, qu'il faudroit punir, mais ceux qui l'embouchent.

— A merveille, vous faites de sir Fitz-Harris un parfait perroquet, un fort aimable vert-vert.

— Je vois avec satisfaction, que vous avez daigné

me comprendre, madame, et j'ose espérer que vous ne ferez pas Fitz-Harris victime, comme Vert-Vert, de la grossièreté des bateliers.

— Votre générosité si flexible, monsieur, vous ouvre mon cœur et mon estime. Parlez de vous, tout vous sera accordé; mais oubliez cet homme : un trucheman semblable, à une époque de *vilipendeurs* comme celle-ci, est un être pernicieux qu'il est bon de séquestrer du monde.

— Au nom de Dieu, madame, au nom de votre frère, que vous aimez !...

— Vous n'obtiendrez rien. Ne suis-je pas déjà assez environnée d'ennemis, ameutés pour me perdre ! Si non quelques artistes et quelques poètes qui m'ont voué à la vie, à la mort, leur affection intéressée, je ne compte pas un seul cœur qui batte pour moi; je n'entends au loin que les aboiements de la haine, je n'ai autour de moi que des chiens muets.

— Ah ! madame, ne vous laissez pas abattre ainsi par la mélancolie. Sans doute, les hommes sont ingrats et injustes, mais il vous reste encore tout un monde d'amour et d'amis.

— Vous croyez ?... Hélas ! ce que vous dites là me fait du bien ! soupira-t-elle, en lui prenant la main, et la lui serrant tendrement. Quel sort plus cruel! être déchue de tout, de la jeunesse, de l'amour, du Pouvoir.... Ah ! ce que vous m'avez dit là m'a rafraîchi le cœur ! Si vous pouviez sentir ce que l'on souffre à être l'exécration de tout un royaume? car, je le sais bien, la France m'abhorre : elle se prend à moi de touts ses malheurs; elle m'en fait la source. Pauvre France! tu verras quand je ne serai plus, si tu seras plus heureuse! C'est à moi qu'on reproche les désastres de la guerre de sept ans; tout m'accuse, tout m'accable, jusques à ce cardinal de Bernis!... C'est un serpent que j'ai réchauffé dans mon sein!... Ne réchauffez jamais de serpent dans votre sein, mon beau jeune homme.

En ce moment, la Putiphar, ayant peu à peu rejeté son édredon, se trouvoit sur son lit presque entièrement à découvert. Sa fine chemise de batiste et de dentelle, en désordre, laissoit se dessiner voluptueusement l'ampleur de ses hanches, et sa belle taille dont elle étoit si fière. Bien qu'elle eût à cette époque quarante et un ans, son col avoit encore un galbe majestueux, et ses seins étoient blancs et fermes; ses traits seuls avoient subi plus d'altération, non pas l'altération de la vieillesse, mais la décomposition du remords. Appuyée sur son oreiller, elle avoit la tête penchée vers Patrick : son sourire constant, sa contemplation langoureuse avoient une expression de convoitise qui eût fait douter si son regard étoit humide de regrets ou de désirs.

Patrick crut l'instant favorable pour un dernier effort : il se jeta à genoux, couvrant de baisers le bras que la Putiphar laissoit pendre au bord du lit avec coquetterie.

— Au nom de Dieu, madame, au nom de touts ceux qui vous aiment, pardonnez à Fitz-Harris, ne soyez pas inexorable.

— Hélas Dieu ! où me ramenez-vous ?... Non ! ne me parlez pas de cet homme.

— Quoi ! madame, oh ! non ; c'est impossible ! vous êtes si bonne ! Quoi ! pour un mot, pour un rien, pour une inconséquence, pour une erreur, vous arracheriez à la nature, à l'amour, à l'existence, un enfant, un fou ?... Quoi ! vous feriez pourrir dans un cachot un bon et beau jeune homme, entrant à peine dans la vie ? Non, non, c'est impossible ! votre cœur n'a pu concevoir cette vengeance, votre âme n'a pu se faire à cette idée : grâce, grâce pour Fitz-Harris !...

— Non : tout pour vous, rien pour lui.

— Ah ! vous êtes cruelle, madame, vous me déchirez, vous me faites un mal horrible. Grâce, grâce, sauvez-le !... — Hé bien, oui, cet homme vous a blessée, cet homme est un lâche, un assassin, que sais-je ? Il ne mérite que le bourreau ! Mais soyez grande, pardonnez-lui. Le plus bel apanage, le plus beau fleuron de la couronne, c'est le droit de clémence ; vous l'avez, ce droit ! Pardonnez-lui, soyez royale ! car Dieu vous a donné un sceptre ; car Dieu vous pèsera dans la balance des rois ; car Dieu vous a fait Souveraine !

— Tout à vous et pour vous, Patrick ; qu'il soit libre !... Vous avez sa grâce ; mais dites-lui bien que ce n'est pas à lui que je la donne, mais à vous.

— Merci, merci, madame ! merci à Dieu ! Je ne sais, dans mon délire, comment vous exprimer ma reconnoissance.

— Point de reconnoissance, Patrick. En m'épanchant dans votre sein comme je ne l'avois fait avec personne au monde, je n'ai point fait de vous un serviteur, mais un ami.

— Bien indigne de vous, madame.
— Laissez Dieu en être juge.

Au revoir, monsieur. Venez après-demain à Versailles où je serai, et je vous remettrai la lettre de grâce de cet homme.

Alors, la Putiphar sonna madame du Hausset et fit éconduire Patrick.

Il étoit dans un état d'émotion indéfinissable, tout ce qui venoit de se passer lui revenoit en foule dans la tête. Une pensée, qu'il chassoit loin de lui, reparoissoit toujours au milieu de ce vertige; il lui sembloit, mais cela répugnoit à sa raison, qu'au moment où, dans son transport de reconnoissance, il avoit couvert de baisers les bras de la Putiphar, deux lèvres brûlantes s'étoient posées sur son front.

XX.

La bienfaisance est la seule volupté de l'âme qui soit sans mélange.

Dans cette plénitude d'esprit, dans cette satisfaction douce qui rayonne dans le cœur après une bonne action, Patrick accourut à son retour apporter à Déborah la nouvelle de ses succès.
— Il est sauvé! s'écria-t-il en se jetant dans ses bras; demain, j'aurai sa grâce, demain il sera libre!

Déborah partagea sincèrement sa joie. On est si heureux de voir ceux qu'on aime faire le bien; on est si sensible de leur sensibilité; on est si grand de leur grandeur.

Il n'en fut pas de même à la Compagnie : quand, au dîner, Patrick annonça qu'il avoit obtenu la liberté de Fitz-Harris, ces messieurs, tombés dans la stupéfaction, s'efforcèrent, à l'envi l'un de l'autre, d'en montrer du contentement; mais ce contentement étoit froid et guindé. Cette noble action faite par un homme qui leur prenoit de vive force leur estime, pour un homme qu'ils redoutoient, leur étoit profondément douloureuse; d'ailleurs elle leur reprochoit leur dureté et leur fainéantise.

Dans l'après-dîner, M. le marquis de Gave de Villepastour fit appeler Patrick. Il le reçut dans son bureau avec une froideur glaçante et lui parla d'un ton hautain et sec qu'il n'avoit pas coutume de prendre avec lui.

— Monsieur Fitz-Whyte, lui dit-il, depuis quelques jours il court dans la Compagnie des bruits infamants sur votre compte. La source de ces bruits est une lettre écrite du comté de Kerry à Fitz-Harris. J'en ai là une traduction, qu'il a bien voulu me faire.

En effet, Patrick reconnut l'écriture de son ami.

— Les faits sont flagrants. Vous avez vingt-quatre heures pour votre justification. Si dans ce temps vous ne vous êtes pas lavé de ces accusations ignominieuses, vous serez chassé des mousquetaires. Je ne saurois sans manquer au Roi laisser plus longtemps un malfaiteur parmi ses gardes-gentilshommes.

Voyons, qu'avez-vous à répondre?

— Rien. Je ne me suis jamais abaissé et je ne m'abaisserai jamais jusqu'à me laver d'une calomnie. La conduite de l'honnête homme est une permanente justification, et c'est la seule qui lui convient.

— Ainsi vous traitez de calomnie ces rapports?

— Ce ne sont point ces rapports que je traite de calomnie, mais c'est le jugement des juges de Tralée que je dis calomnieux. J'en appelle à Dieu, notre Seigneur.

— Comme il vous plaira; pour moi, je m'en rapporte à la justice des hommes.

— C'est-à-dire, monsieur, à la justice qui a condamné Marie-Stuart, Thomas Morus, Jane Grey, Enguerrand de Marigny, Jeanne d'Arc, Charles Ier et qui a crucifié Jésus.

— Assez; vous avez encore vingt-quatre heures.

Plongé dans une profonde tristesse, Patrick alla s'enfermer dans sa chambre. En son abattement, plein encore d'espoir en la bonté de Dieu, — qui souvent, pour éprouver la grandeur de leur foi, se plaît à frapper ses plus justes serviteurs, — bien loin de blasphémer, à peine osoit-il se plaindre de son sort. Il se résignoit; il songeoit à ceux accablés doublement de plaies d'âme et de corps, et remercioit Dieu, qui le ménageoit jusqu'en son affliction. Parfois, pourtant, le courage lui défailloit; et il versoit des torrents de larmes lorsque son esprit, assailli par les fantômes du souvenir, lui montroit dans le chemin de Killarney Déborah ensanglantée, expirante sous le fer de ses assassins, et lui dressoit sur le port de Tralée une potence rouge où pendoit son effigie. Il passa toute la nuit dans l'agitation, sans pouvoir goûter le plus léger sommeil : quand, affaissé par la fatigue, il se jetoit sur son lit, ses paupières demeuroient ouvertes et ses yeux fixes comme les yeux des oiseaux nocturnes; son sang bouilloit de fièvre comme s'il eût été emporté au loin par un cheval. Quand il se relevoit, il alloit à grands pas dans sa chambre, ouvroit sa fenêtre, s'agenouilloit et prioit la face tournée vers les cieux, promenant ses regards dans les étoiles. La prière de l'homme n'est jamais plus pure et plus douce que lorsque, sur la terre où il gémit, rien ne le sépare des cieux, où il aspire; que lorsqu'entre lui et le firmament, il n'y a rien que l'immensité.

Il lut aussi, pour tuer le temps, quelques *Nuits* d'un poème qui depuis peu venoit de s'élever tout à coup des brumes de la Tamise. Méditations lugubres sur la mort, le néant, l'Éternité, qui flattoient le marasme de son esprit.

XXI.

E<small>N</small> s'éveillant, Déborah trouva Patrick assis au pied de son lit. — Il la contemploit.

— Vous, déjà ici, Phadruig! s'écria-t-elle, vous m'avez fait peur!

— Levez-vous, et habillez-vous, mon amie; j'ai besoin que vous veniez avec moi.

— Vous avez l'air abattu! comme vous êtes pâle! Phadruig, vous souffrez?

— Oui.

— Qu'avez-vous, mon amour?

— J'ai, hélas! que si Dieu ne me soutenoit, j'aurois le désespoir et la mort dans le cœur.... Ah! ne me baisez pas au front! Mon front est couvert d'ignominie! les juges l'ont souillé, le bourreau l'a marqué de son fer! Je suis un meurtrier, un lâche assassin, un contumax!...

— Non! non! mon Patrick, vous n'êtes rien de cela.

— Si! vous dis-je; demandez-le au peuple de Tralée, qui m'a regardé pendre.

— Quoi! vous savez donc? Maudit soit celui qui vous l'a dévoilé!...

— Encore, s'il ne l'avoit fait qu'à moi!... Je sais tout depuis quelque temps, ma bien-aimée, et je vous le taisois, et j'espérois vous taire toujours ce que vous n'ignoriez pas vous-même : qui donc vous en avoit instruite aussi?

— Je ne quittai l'Irlande qu'au moment de cet attentat. J'ai assisté aux Assises et j'ai entendu la sentence des juges. Et à mon arrivée je vous l'avois caché pour vous épargner le chagrin où vous voici.

— Mais qui me poursuivoit à ce tribunal?

— Mon père.

— Ah, l'infâme!

— Et qui est venu vous l'apprendre, Patrick?

— Le bruit public. Il y a quelques jours, Fitz-Harris reçut une lettre de son frère qui l'en informoit; vite, il la communiqua à touts ses camarades; et M. de Villepastour, chez qui nous allons de ce pas, en a même une traduction.

— Ah, l'infâme!... Patrick, je vous le disois bien avant-hier, que vous étiez généreux et que vous alliez faire quelque chose que nul au monde ne feroit pour vous, et Fitz-Harris moins que tout autre.

Irez-vous encore, après cela, aujourd'hui, chercher à Versailles sa lettre de grâce?

— Oui.

— Patrick, Patrick, vous êtes trop généreux.

— Et vous, Debby, pas assez chrétienne.

— Oh! je ne le serai jamais jusque-là, de tendre une joue après l'autre; jusque-là, de lécher la main qui me frappe; jusque-là, d'embrasser tendrement l'ennemi qui m'étouffe.

Tout en causant des détails du procès et du jugement, ils arrivèrent à l'hôtel du marquis de Villepastour.

En entrant Déborah le reconnut aussitôt pour son impudent, son inconnu, son fat au costume vert-naissant; et ne put retenir un cri de surprise et d'effroi. Pour en dissimuler la cause à Patrick, elle feignit s'être heurtée contre un meuble.

— Qui vous amène, monsieur Fitz-Whyte? lui dit le marquis d'une façon brutale.

— Vous m'avez donné vingt-quatre heures pour me justifier, monsieur, si j'ai bonne mémoire.

— Te justifier devant cet homme?... Non! va-t'en, va-t'en!... s'écria Déborah se pendant au bras de Patrick et l'entraînant vers la porte. — Te justifier, mon agneau, devant la gueule béante de ce loup!... La vertu est ici à la barre du crime. — Non! non! viens-t'en, Patrick; viens-t'en, mon ami!...

— Debby, laisse-moi parler, je t'en supplie.

— Parler! Et à qui?... Mais il n'y a personne ici, Patrick, personne qui puisse t'entendre. Cet homme n'est pas un homme; il n'a ni foi, ni loi, ni Dieu, ni cœur, ni âme! C'est moins qu'un tigre, moins qu'un singe, moins qu'un chien! C'est un serpent qui souille de sa bave venimeuse.... Viens-t'en!

Pendant que Déborah, égarée par son ressentiment, crioit ces mots terribles, poignante réprobation du crime par l'innocence, qui auroit déchiré un cœur moins vieilli dans la débauche, le marquis de Villepastour, accoudé nonchalamment sur sa table, accueilloit chacune de ses paroles d'un sourire injurieux.

— Je vous demande pardon, monsieur, de la sortie que madame vient de faire contre vous; j'en suis dans l'étonnement et la douleur. Son esprit est troublé sans doute.

Bien que l'orgueil, l'honneur et d'affreuses conjonctures me défendent toute justification, monsieur le marquis, comme un seul mot renverse et détruit de fond en comble l'échafaudage de ma condamnation, et montre toute l'énormité d'un jugement si absurde qu'il répugne à la raison la plus sotte, j'ai cru devoir vous le dire ce mot; le voici :

Cette femme qui pleure à mes côtés, jeune, belle, bonne, fidèle et pure; cet Ange, que Dieu, dans sa bonté infinie, m'a donné pour guide et pour amie dès mes premiers ans; cette parcelle du Dieu qui me l'a donnée, pour laquelle je verserois goutte à goutte mon sang, et pleur à pleur ma vie, pour laquelle j'expirerois lentement dans les tortures de la question, seulement pour lui épargner la plus légère douleur; cette femme que j'avois, que j'ai, que j'aime, que j'adore, mon idole, mon culte; cette femme-là, ma colombe, ma bien-aimée, mon épouse, vase sacré, dont mes lèvres n'approchent qu'en frémissant, c'est celle-là même dont on m'a fait le meurtrier, l'égorgeur! C'est celle-là même, miss Déborah, comtesse Cockermouth-Castle, que j'ai tuée, que j'ai lâchement assassinée, et dans le sang de qui, farouche cannibale, j'ai lavé mes mains et abreuvé ma soif!... Ah! c'est atroce!... Oh! cela me brise et m'anéantit!...

— Rien ne me dit, monsieur, que ce soit en effet la comtesse Déborah de Cockermouth-Castle.... Pardon, mon travail m'appelle, je ne puis vous entendre plus longtemps.

Et d'un air importuné M. de Villepastour, passant dans une autre chambre, dont il referma la porte sur lui, laissa grossièrement Patrick et Debby, qui pleuroient et se tenoient embrassés.

Patrick fit quelques interrogations à Déborah sur ses emportements contre M. de Gave; mais elle n'y répondit que d'une façon vague et obscure.

XXII.

Midi sonnoit comme Patrick entroit au château de Versailles, dans les appartements de madame Putiphar.

La séance du conseil venoit d'être levée, et les ministres se retiroient en grande agitation.

— Il fut aussitôt annoncé et introduit auprès d'elle. Entourée d'écritoires, de rouleaux de papiers et de paperasses, elle étoit seule, en riche toilette; atournée avec ce soin recherché qui ne peut être celui de touts les jours; ce soin de parure qui trahit le premier sentiment de la jeune fille, comme le dernier sentiment de la femme.

— Monsieur Patrick, lui dit-elle avec l'air le plus affectueux, voici les lettres de grâce que votre voix et vos paroles touchantes m'ont arrachées pour M. Fitz-Harris, votre ami; si vous avez le désir de me plaire, comme j'ai celui de vous être agréable, il doit perdre à jamais ce titre qui vainement l'honore, et qui à mes yeux vous compromet gravement. Cessez, croyez-moi, toute relation avec cet insensé.

C'est la première fois que je signe le pardon d'une semblable injure : il est vrai de dire, puisque c'est pour vous que je le fais, que si c'eût été vous qui m'eussiez demandé les autres, celui-ci sans doute ne seroit point le premier.

Mon cœur, qui souffriroit de vous faire un refus, vous avoit accordé la liberté de ce petit monsieur Fitz-Harris, sans condition aucune; mais la sûreté de l'État et la mienne exigent que sous huit jours il ait quitté la France.

— Vous aviez fait une digne et large action, madame; pourquoi fallut-il qu'un remords vînt la restreindre? Mais vous avez agi selon votre sagesse, devant laquelle mon esprit se prosterne, comme je me prosterne à vos pieds.

Tandis qu'ainsi à genoux, Patrick exhaloit comme il pouvoit sa gratitude, et couvroit de baisers la robe de madame Putiphar, une voix d'homme cria d'une chambre voisine : — Pompon! le conseil est levé, je crois! ne vas-tu pas venir! tout mon déjeûner est prêt.

Puis, une porte s'entr'ouvrit.

La même voix dit alors avec un accent satirique : —Ah! pardon, madame; je ne vous savois pas occupée.

— Non, non, entrez sans gêne; il n'y a point d'étranger ici, répliqua la Putiphar, monsieur est mon ami, comme vous voyez, et tout à fait digne d'être le vôtre.

Ensuite, elle ajouta tout bas à Patrick : J'aurois encore beaucoup de choses à vous dire, mais venez demain au soir à Trianon : vous souperez avec moi. Adieu, partez.

— Ma friture est faite, reprit la même voix, et je venois pour vous faire goûter à mes œufs au jus.

Patrick alors, se relevant et se retournant pour se diriger vers la porte, fit un mouvement de surprise et une génuflexion, en appercevant Pharaon, en costume royal, cordon-bleu, croix et plaques, avec un tablier de toile blanche, une cuillère dans une main et dans l'autre une énorme casserole.

— Relevez-vous, monsieur, dit gaîment Pharaon à Patrick; et sur ce, je prie Dieu qu'il vous tienne en sa sainte-garde.

Je vois avec plaisir, Pompon, que mon image est si bien gravée dans le cœur de mes sujets, qu'ils me reconnoissent même en marmiton!

Ainsi Pharaon, pour égayer sa vie privée, toute vide et toute nulle, se plaisoit quelquefois à faire.... ma plume se refuse à l'écrire.... la CUISINE!

Sitôt que Patrick fut dehors, de grosses larmes coulèrent de ses paupières! sensible et grand, il avoit été remué jusqu'en ses entrailles, en voyant ce qu'on avoit fait de son Roi.

Et son cœur se brisa, et ses pleurs redoublèrent, lorsqu'en traversant une galerie ornée de peintures, il rencontra du regard Louis IX et Charlemagne!

XXIII.

Muni de son exprès, Patrick se rendit sur-le-champ à la Bastille, et pénétra dans le ventre de ce taureau de pierre, semblable au taureau d'airain de Phalaris, où les victimes étoient jetées vivantes.

Il se fit conduire à Fitz-Harris, qu'il trouva dans une petite cave, si basse, qu'il falloit s'y tenir courbé; humide, sale, n'ayant d'autre air que les exhalaisons putrides des fossés, et d'autre jour qu'une foible lueur s'échappant d'une meurtrière.

Il étoit couché sur quelques brins de paille moisie, la face tournée contre terre. Assoupi ou engourdi par le froid, il n'entendit pas ouvrir ses verrouils. Patrick lui adressa quelques mots en irlandois : à cette voix amie qui faisoit retentir ce lieu d'horreur de son langage natal, il tressaillit et souleva la tête.

— Lève-toi, Fitz-Harris ; tu es libre !

— Toi ici, Patrick ! Ah ! malheureux, plutôt mourir !...

— Je viens te chercher; tu es libre; m'entends-tu? lève-toi, te dis-je !

— Moi libre ! Oh ! non, c'est un rêve ! C'est une folie !... Je ne puis croire ?... Plus de fer, plus de pierre, plus de bourreaux ? De l'air, du ciel, des fleurs, des femmes ?... Oh ! non, cela ne se peut pas, cela ne m'est pas réservé !... Je sais bien que je suis un homme perdu ; cette nuit j'ai entendu l'horloge de la mort !

— Allons, viens, Fitz-Harris ; partons sans retard. Le vent capricieux qui ouvre les portes les referme souvent aussitôt : hâtons-nous !

— Mais elle est donc morte ?

— Qui ?

— L'infâme ! La Putiphar !

— Tais-toi, Fitz-Harris ; deviens plus sage. Tu viens d'en dire encore assez pour que si tu en étois sorti, on te rejetât dans ce cul-de-basse-fosse ; et, n'en étant point dehors, pour qu'on te plonge dans la citerne-aux-oublis.

Allons, viens ; suis-moi, je t'en supplie ! Tiens, voici ta lettre de grâce.

— Fitz-Harris la lui prit des mains et la froissa sans la regarder. Puis, en chancelant, il s'avança jusqu'à la porte ; et là s'arrêta court, en disant :

— Te suivre, Patrick ?... Oh ! non pas ! La raison me revient : je t'ai offensé ; je t'ai trahi ; j'ai été lâche envers toi ; tu es mon ennemi ! tu m'en veux ! tu as soif de te venger !... Non, non, je ne te suivrai pas !... Geôlier, refermez mon cachot ; je ne sortirai pas d'ici.

— Fitz-Harris, je ne suis point ton ennemi, tu

ne m'as point offensé, ou si tu l'as fait, j'en ai perdu mémoire. Nous sommes enfants malheureux de la même terre; je suis ton compagnon, ton frère dévoué. Ah! tes doutes me déchirent le cœur!... Viens, suis-moi sans crainte; viens, ami, viens avec ton frère.

— Non! non! Les murs d'un cachot sont de bons conseillers, qui font soupçonneux et prudent : je ne te suivrai pas, mon ennemi!... Qui me dit que ce n'est point un piège, et qu'au bout de ce long corridor sombre ne sont pas quelques affidés qui m'attendent la hache au poing?... Ah! tu sais te venger, Patrick!...

Tu seras sans doute allé dire à ceux qui m'ont plongé dans ce repaire : « Vous avez là un homme qui vous gêne, il me gêne aussi; voulez-vous que ma haine serve la vôtre? voulez-vous de mon bras? je m'en charge. » Puis tu viens m'annoncer ma liberté, et c'est la mort qui m'attend derrière cette muraille.... Ah! tu sais te venger, Patrick!

Après tout, tu es loyal, tu ne me trompes pas; car si la mort m'attend derrière cette muraille, derrière la mort m'attend la liberté. Oui! c'est là, seulement, que l'homme peut concevoir quelque espérance de la rencontrer; si toutefois, comme tant d'autres prestiges, ce n'est point un creux simulacre. Va! je te suis!... Survienne ce qu'il voudra! Je ne serai point un lâche; plutôt vingt coups de poignard dans ma poitrine que pourrir en ce cachot! Va, je te suis!

Avec l'anxiété d'un esprit empli de fantômes et de visions par l'exaspération de la souffrance, il suivit Patrick, et vit en effet, avec un étonnement toujours croissant, toutes les grilles, toutes les portes tomber devant eux. Quand ils eurent passé le dernier pont-levis, ses craintes s'étant tout à fait évanouies, sa joie éclata en transports fous.... Alors, portant les yeux sur sa lettre de grâce qu'il tenoit encore froissée dans ses mains, et lisant : *A la requête de M. Patrick Fitz-White, et en sa seule considération, nous octroyons....* il se jeta aux genoux de Patrick en criant : — Patrick, Patrick! que vous êtes généreux! Oh! je vous dois la vie! Oh! comment vous témoigner assez de reconnoissance! Je vous ai tant outragé!... Que je suis indigne! que je suis misérable! Je doutois de vous! Je ne pouvois croire.... L'enfer peut-il comprendre le Ciel!

Pardon, pardon de tout le mal que je vous ai fait! Ma vie entière désormais ne sera consacrée qu'à me laver de mes crimes envers vous. Je ferai tout pour rentrer en votre estime; car celui qui est estimé de vous doit l'être de Dieu. Quant à votre amitié, ne me la rendez jamais, ce seroit la profaner! Gardez-la pour des cœurs plus droits que le mien. Oh! vous avez ma reconnoissance éternelle!

— Fitz-Harris, point de reconnoissance. Vous ne me devez rien, je vous ai dit que je ne me vengeois point avec le fer; mais je ne vous ai point dit que j'étois sans vengeance; la voici donc ma vengeance : un bienfait pour un outrage. Celle-ci est plus cruelle, je crois, que la vengeance avec le fer, qu'en dites-vous? forcer quelqu'un qui vous hait à vous bénir, même malgré lui, dans le for de sa conscience; forcer un homme à rougir, à crever de honte devant son semblable; c'est là, si je ne me trompe, une vengeance! Qu'en dites-vous, Fitz-Harris? Nous sommes quitte à quitte, ce me semble?

XXIV.

PENDANT que Patrick étoit à Versailles auprès de madame Putiphar, M. le marquis de Gave de Villepastour, pour tenter nouvelle aventure, se hasarda de retourner à l'hôtel Saint-Papoul.

Contre son attente, Déborah le reçut avec une politesse, une aisance, un aplomb élégant qui le déconcerta quasi au premier abord.

Elle l'introduisit avec cérémonie, en le qualifiant de touts ses noms, prénoms, seigneuries, grades et titres, dans le même petit salon, peu de jours auparavant témoin de ses assauts et de sa courte honte.

— Je n'ai pu résister au besoin que j'éprouve de vous remercier, mylady, de votre indulgente discrétion à mon égard, dit-il d'un air patelin en s'asseyant sur le sopha; car si j'ai bien compris ce matin, M. Fitz-Whyte m'a semblé ignorer tout à fait mes poursuites et ma petite algarade de l'autre jour; votre surprise en me reconnoissant avoit failli me trahir; mais votre générosité et votre présence d'esprit ont racheté aussitôt ce mouvement involontaire; comtesse, c'est plus de bonté que je n'avois lieu d'en attendre de vous, qui m'aviez traité tant inhumainement. Cela vient de me verser un peu de baume dans le cœur; je me crois, dans ma joie, moins dédaigné, et mon orgueil et ma présomption ont poussé leur audace jusque-là de rallumer le flambeau de mon espérance à l'autel de l'amour qui n'avoit pas cessé et ne cessera jamais de brûler pour vous en mon sein !

— Monsieur, si j'avois caché à mon époux les affronts dont j'ai été abreuvée par vous, et si ce matin même je ne lui ai point montré du doigt l'homme qui s'est fait un devoir assidu de m'outrager, c'est pour lui et non pour vous, pour lui seul, que j'ai craint d'accabler de ce nouveau chagrin dans un moment où le cœur lui défailloit sous le désespoir. Veuillez, s'il vous plaît, ne point interpréter autrement ma conduite, surtout ne point l'interpréter en votre faveur; ce qui, non-seulement seroit injurieux pour moi, mais ce qui vous rendroit merveilleusement ridicule, ce à quoi vous devez être plus sensible.

— Savez-vous, inhumaine, que ce matin, devant Fitz-Whyte, vous m'avez maltraité, vous m'avez interpellé avec beaucoup d'aigreur. A vous entendre, moi, si naïf et si candide, je suis une montagne de crimes.... Soit ! toutefois reconnoissez au moins que je ne suis pas avare, car je donnerois volontiers touts les crimes qui chargent ma conscience pour vous voir ma complice dans certain petit péché mignon.... Mais on perd son langage avec vous.

Vous êtes une petite déesse, mais une déesse de marbre, bonne à mettre dans un temple de marbre.

Vous ne voulez point du temple vivant de mon cœur; pourtant dans ce sanctuaire vous seriez aussi à l'ombre, puisque vous tenez à sauver les apparences, que Joas dans le temple du Seigneur; et peut-être comme lui, passeriez-vous de ce sanctuaire au trône. Je vous l'ai déjà dit, si belle! partout ailleurs qu'à Versailles vous serez toujours déplacée; maintenant, vous y auriez belle chance; laissez-moi faire seulement; madame Putiphar est surannée; elle a perdu sa faveur; son crédit branle dans le manche; Pharaon en a par-dessus les épaules; une étrangère auroit bien de l'attrait pour lui; un peu de chair exotique feroit bien à son palais blasé.

— Allez, monsieur le marquis de Villepastour, allez!... Voyons jusqu'où vous descendrez! Je vous tenois pour infâme, maintenant je vous trouve ignoble!

— Vous agissez cavalièrement avec moi, mylady; vous me menez à la hussarde. Je ne vois pas pourquoi, quand vous retroussez vos manches, je mettrois des mitaines; allons, guerre pour guerre, et cartes sur table!

Vous n'ignorez pas le jugement qui vient de flétrir en Irlande M. Fitz-Whyte votre ami, votre amant ou votre époux, n'importe! vous n'ignorez pas non plus sans doute que la place d'un contumax n'est point parmi les gardes gentilshommes de sa majesté? Il faut que M. Fitz-Whyte parte, il faut que pour l'exemple je le chasse solemnellement.

Vous n'ignorez pas, d'autre part, mon amour ou

mon caprice pour vous! caprice que vos dédains ont irrité et rendu persévérant; caprice dont les obstacles ont fait une passion véhémente, Je vous aime, *my fair lady*, je vous aime! et voyez jusques à quel point : voulez-vous sauver Fitz-Vhyte?...

— Assez, assez! monsieur; je comprends de reste. Que ne doit-on pas espérer d'un aussi noble cœur que le vôtre! Vous êtes venu ici pour maquignonner de la vertu d'une malheureuse femme? Peine vaine, monsieur! Vous êtes venu pour m'envelopper, moi crédule et foible, dans les replis d'un marché tortueux? Je ne serai point abusée, Dieu m'éclaire!

Vous voudriez que dans l'espoir de sauver mon âme de l'opprobre que vous lui préparez, car Patrick est mon âme, je me livrasse angoisseuse. . . . . Je ne comprends pas le dévouement jusque-là. Et quand vous m'auriez souillée et que je vous réclamerois le salaire de ma honte, vous me ririez à la face, satan!

— Ce n'est point un marché que je vous propose, *my fair lady*, c'est simplement un échange de déshonneur contre déshonneur.

Pour vous rendre à mes désirs, il faut que vous manquiez à votre honneur d'épouse; moi, pour sauver Fitz-Whyte, il faut que je manque à mon devoir de capitaine : forfait pour forfait, nous n'aurons point à rougir l'un devant l'autre.

Croyez-moi, soyez sage; descendons ensemble dans l'abyme du mal, et descendons-y en habit de fête; descendons-y joyeux. On dit que tout au fond il est jonché de fleurs où s'enivrent des plus rares plaisirs; des plaisirs proscrits, ceux qui ont osé franchir ses abords épouvantables et descendre ses ravins affreux. Ne faisons pas fi du crime : il est, comme certaines femmes au masque laid, repoussant pour le vulgaire; mais souvent aussi comme elles il a des beautés secrètes qui recèlent des plaisirs ineffables.

— Avec votre duplicité, vos sophismes, vos cajoleries, pour toute femme abandonnée de Dieu, vous pourriez être dangereux; mais pour moi, je vous le répète, vous n'êtes qu'un importun. Sortez, monsieur le marquis!

— Alors, avec de l'audace et de la violence, voyons ce que je vous serai....

— Arrêtez, monsieur!... ce cas je l'ai prévu : je ne suis plus seule ici, comme l'autre jour; ma tranquille contenance auroit dû vous l'apprendre.

Disant cela, Deborah s'étoit saisie de deux pistolets cachés sous un coussin du canapé.

— Si vous faites un pas vers moi vous êtes mort! Sortez, vous dis-je; sortez, je vous l'ordonne!... Allez ailleurs traîner vos vices! Ne revenez jamais ici. Veuillez me croire femme de résolution. Aujourd'hui je m'en suis tenue aux menaces, une autre fois je les supprimerois....

— Ma belle, puisque vous le prenez ainsi, je me retire. Calmez-vous, je vous prie; ce que j'en voulois faire c'étoit pour votre bien; c'étoit, comtesse, pour vous tirer de la bourgeoisie où vous êtes embourbée,

et sauver généreusement M. Fitz-Whyte de l'opprobre qui l'attend.

Soyez tranquille, je ne vous importunerai plus désormais; ou si par hasard la fantaisie belliqueuse m'en prenoit, je ne le ferois que dans l'armure d'un de mes ayeux, la dague d'une main et la lance de l'autre.

— Monsieur le marquis, le fait me paroît aventuré, si j'en crois la chronique; vos ayeux nettoyoient les armures, mais n'en portoient point.

Monsieur de Gave marquis de Villepastour n'attendoit pas si bonne réplique à sa gasconnade; bouche clouée et l'air assez penaud il se retira; et lady Déborah le reconduisit avec ses pistolets aux poings et beaucoup de politesse.

XXV.

EN rentrant chez lui, notre merveilleux reçut une lettre fort aimable de madame Putiphar : elle le priait de venir la saluer le plus tôt possible. Ceci le remit un peu de sa déconvenue.

Le lendemain, en courtisan heureux, il accourut à son petit lever.

— Ah! marquis, lui dit-elle, je suis enchantée de l'empressement que vous avez mis à vous rendre à ma semonce.

— Puissé-je, madame, n'en recevoir jamais que d'aussi douces.

— Dites plus vrai, que de moins indifférentes. Un gentilhomme à bonnes fortunes, comme vous, n'a pu trouver ce billet fort tendre, ou s'il l'a trouvé tel, ce ne peut être qu'en en pressurant le texte et tout à fait contre mon bon plaisir. Je vous proteste, marquis, que je ne suis point amoureuse de vous! Ceci vous surprend, sans doute, vous que toutes les femmes adorent! Mais veuillez, je vous prie, faire exception de moi ; les exceptions font valoir les règles. Rassurez-vous marquis ; mettez-vous à vos aises! Sur l'honneur, je n'aie point l'intention de vous séduire! S'il n'y avoit eu que moi pour vous débaucher, assurément vous mourriez comme Newton ou comme sainte Agnès ou sainte Rose de Lima.

— Mais est-ce là, madame, car je suis peu docte en ces matières, ce qu'on entend *par le système de Newton*. En ce cas, M. Arouet de Voltaire aurait fort bien pu se dispenser d'en donner un abrégé à l'usage des dames. D'ailleurs, en thèse générale, les dames ne sont pas pour les abrégés.

— Marquis, vous allez trop loin; vous mettez les pieds dans le plat et la mariée sur les toits!

— C'est vous, madame, qui tout-à-l'heure avec vos sarcasmes impitoyables me cassiez mes vitres d'une façon tant soit peu effrontée.

— Pardieu! marquis, de quoi vous plaignez-vous? n'êtes-vous pas un fat, et tout fat ne mérite-t-il pas d'être *persiflé?*

— Non pas touts par une bouche aussi jolie que la vôtre.

— Voici une flatterie qui me coûtera cher, n'est-ce pas, *maître renard?*

— Non, madame; une lettre de cachet au plus, elle est tout à fait désintéressée.

— Marquis, venons au fait; car ce n'est point pour baguenauder ainsi que je vous ai prié de venir.

Vous avez dans vos mousquetaires, je crois, un eune Irlandois nommé Patrick Fitz-Whyte?

— Oui, madame.

— Quel est cet homme?

— Un grand *dégingandé*.

— Baste! il m'avoit semblé fort beau.

— Une espèce d'idiot dans le sens grec et françois de ce terme, c'est-à-dire, un niais et un *ours*.

— Tant pis; je le trouvois d'un esprit séduisant. Et ses beaux cheveux blonds, marquis, de quelle couleur sont-ils?

— Laids et roux.

— Oh! pour le coup, marquis, sous la peau du lion je vois les oreilles de l'âne. Vous avez l'esprit antiché. Que vous a fait ce pauvre garçon? Qu'avez-vous contre lui?

— Moi, quelque chose contre lui! non, madame, au contraire c'est lui qui a une fort belle femme contre moi.

— Une femme?

— Femme ou fille.

— Fort belle?

— Oui.

— Tant pis.

— Après vous, madame, c'est la personne la plus accomplie que j'aie vu.

— Avant ou après vous, marquis, c'est le plus bel homme et le plus aimable homme que je connoisse. Vous êtes amoureux de sa maîtresse?

— Juste. Et vous amoureuse de l'amant de cette maîtresse?

— Juste.

— C'est un mauvais garnement.

— C'est une pimpesouée.

— Avant ou après vous, madame, c'est la fille la plus digne et la plus pleine de chasteté.

— Chasteté!... Comprenez-vous ce mot marquis?

— Ma foi! pas trop; mais cependant plus que la vertu qu'on lui fait signifier.

— Marquis, croyez-moi, cette vertu n'est qu'un mot.

— Alors, madame, si ce mot exprime une vertu qui n'est qu'un mot elle-même, ma pauvre raison commence à perdre pied; de grâce, c'est trop de métaphysique!

— Je vous déclare donc ce jeune homme mon protégé. Vous le traiterez avec distinction; vous lui accorderez toutes faveurs possibles.

— Madame, je le chasse demain.

— Non, vous me mettriez dans la nécessité de lui donner asyle.

— Mais c'est un meurtrier; mais c'est un contumax! Il vient d'être pendu en Irlande pour avoir assassiné la fille du comte de Cockermouth-Castle.

— En effet, si cela étoit, marquis, ce seroit un jeune homme de mauvaises mœurs; ce seroit un amant périlleux. Il l'a tuée, dites-vous?

— Oui, tuée; mais un peu comme on tue à la comédie; car c'est pour elle que je me meurs.

— Marquis, je vous défends de l'expulser; je vous défends de lui faire la plus légère avanie.

— Mais, madame, je ne puis garder, quel que soit mon désir de vous plaire, un assassin dans ma compagnie un homme flétri par les lois : l'honneur du corps s'y oppose.

— L'honneur des mousquetaires !... Voyez-vous ça !... Marquis, ces deux mots hurlent de se trouver ensemble. D'ailleurs, si l'honneur de ce corps s'y oppose, l'honneur d'un autre vous l'ordonne; entendez-vous, marquis!

— Madame, je suis votre plus humble et votre plus dévoué serviteur; mais cependant....

— Pas de restriction; attendez au moins quelques jours que je vous l'abandonne, ou que je pourvoie à son sort. Jusque là, entendez bien ceci, vous m'en répondez sur votre tête.

Sur ce, monsieur le marquis je prie Dieu qu'il vous tienne en sa sainte garde. Allez et faites ce que je vous ai dit.

Et M. le marquis de Gave de Villepastour, après un baise-main, se retira.

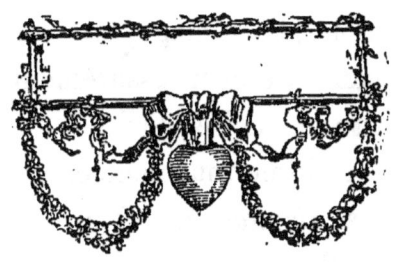

XXVI.

A neuf heures précises, Patrick arrivoit à Trianon.

Un valet guettoit sa venue ; il fut aussitôt conduit par lui dans un petit salon, où madame Putiphar, abandonnée nonchalamment sur un divan, promenoit plus nonchalamment encore ses doigts sur les cordes d'une mandoline.

A ses pieds brûloient des parfums d'Arabie.

La fenêtre, tapissée de clématites et de liserons, étoit ouverte à la brise embaumée du soir, ou pour parler *synchroniquement* un langage contemporain, à la tiède haleine de l'amant de Flore.

Le divan, le sopha, l'ottomane, faits sur les dessins de François Boucher, étoient assurément ce qu'avoit produit de plus fantasque l'école du Borromini, c'est-à-dire l'école de la ligne tourmentée.

Pour arriver à *chantourner* et à *tarabiscoter* ces surfaces et ces galbes, — qu'on me passe ces mots techniques, — la puissance d'imaginative qu'il avoit fallu devoit tenir de fort près au génie, en étoit peut-être.

Ce que je n'oserai affirmer jusqu'à ce qu'un concile, composé de Sophocle et de l'abbé de Voisenon, de Théocrite et de Vadé, de Leonard de Vinci et de Watteau, de Michel Cervantes et de saint Augustin, ait décidé irrévocablement sous quelle forme invariable le génie se révèle, et si cette forme est la ligne droite ou le *tarabiscot*.

La table, le guéridon, les consoles et les jardinières étoient chargées de vases en porcelaine de la manufacture de Sèvres de madame Putiphar, touts remplis de fleurs rares et odorantes. Un lustre de crystal de roche, des bras de vermeil, plus *tarabiscotés* encore que les meubles, et chargés de bougies guillochées, illuminoient ce *harem* délicieux. Oui, *harem*, et non pas boudoir, car tout cela avoit quelque chose d'oriental, peu dans la forme, mais beaucoup dans la pensée.

Ce n'étoit pas comme dans Crébillon fils, du *rococo*, sous un dehors oriental, c'étoit de l'oriental sous un dehors *rococo*.

Nous avons vu quelquefois rechercher ce qui à cette époque si peu orientaliste, avoit pu tourner les regards des François vers l'Asie; ce qui avoit pu imprimer à leur esprit une direction si générale; ce qui avoit pu donner naissance à un engouement tel, que toute production de l'imagination, de l'esprit ou de la pensée, toute œuvre d'art ou de luxe pour obtenir un peu d'accueil, étoient dans la nécessité de s'empreindre ou de s'imprégner plus ou moins d'une couleur ou d'une forme persane, chinoise, hindoue, turke ou arabe.

Les uns attribuent cette monomanie à la traduction des *Mille et une Nuits* de l'abbé Galland; les autres à la guerre de l'Inde, ou à quelques causes équivalentes.

Cette question, pour être bien éclaircie, demande des recherches et un examen que nous ne saurions faire et surtout en ce lieu. Il me semble toutefois que ce n'est point dans les faits éventuels qu'il faudroit chercher une raison que la nation et la Cour avoient en elles-mêmes.

Un relâchement tout à fait asiatique dans les mœurs avoit fait seul ce rapprochement et cette sympathie.

La mollesse, les voluptés, l'inceste, la polygamie, la pédérastie, la joie, la galanterie mauresque et non plus chevaleresque; l'esclavage et enfin le sans-souci de l'esclavage, avoient assimilé ainsi deux peuples si différents en tant d'autres points.

Jusques à Pharaon même qui avoit sa sultane favorite, son Parc-aux-Cerfs, ses lettres-de-cachet, tout aussi bien que Mustapha son *harem* et ses cordons.

Le dogme chrétien qui avoit réhabilité Ésope étoit anéanti. Hercule et Vénus, la force et la beauté physique, étoient le seul objet du culte. Plus de mélancolie, plus de chasteté, plus de modestie, plus de méditation, plus de rêverie; plus rien de grand, de profond, de triste, de sublime! La contemplation éternelle de la splendeur de Dieu, ridicule! mais,

Mahomet et sa joie, Mahomet et sa sensualité, Mahomet et ses houris.

L'Islamisme pur régnoit de fait : en vérité, sous les perruques et les paniers on étoit aussi musulman que sous le turban et la basquine.

Des fleurs, des bougies, des parfums, des canapés, des vases, des rubans, du damas, une voix mélodieuse, une mandoline, des miroirs, des joyaux, des diamants, des colliers, des anneaux, des pendants d'oreille, une femme belle, gracieuse, languissamment couchée !... L'imagination pourroit-elle concevoir rien de plus séducteur ? et n'étoit-ce pas assez pour jeter le trouble dans une jeune âme, si facile à l'enthousiasme, et pour la première fois se trouvant dans un boudoir ? Qui de nous, assez heureux pour pénétrer dans ce lieu le plus secret du gynécée, n'a ressenti sous la puissance d'un charme inconnu une voluptueuse émotion ?

Frappé, ébloui, par tant d'éclat, d'apparat et de magie, Patrick demeura quelques instants dans l'admiration et l'hésitation ; puis, tout d'un élan, il vint s'agenouiller aux pieds de madame Putiphar et coller ses lèvres tremblantes sur ses babouches indiennes, brodées d'or et de pierres fines.

Jouissant de ses transports enfantins et de l'agréable impression qu'elle avoit faite sur son esprit, elle laissa tomber sur lui, du haut de sa nonchalance, un regard aussi riant que sa bouche.

Un sentiment suave, dont elle avoit perdu le souvenir et qui pour cela lui sembloit aussi nouveau que le premier battement d'amour au cœur d'une jeune fille, humectoit son âme décrépite. Son corps, usé par les débauches, pour qui le plaisir n'avoit même plus d'assez fortes titillations, se pâmoit aux chastes attouchements d'une bouche posée sur son pied.

Il n'y avoit plus de doute possible; un amour qui par les sens s'étoit timidement approché du cœur de cette femme, venoit tout-à-coup d'y pénétrer profondément, et d'y éclater en maître.

Sur le déclin du jour, à l'heure où les ténèbres descendent, quelquefois le ciel semble renaître soudainement à la splendeur; ces derniers feux sont plus étincelants et plus embrasés que les feux du midi.

Ce n'étoit pas un amour plein de confiance, d'illusion, de folie, d'enthousiasme, semblable à celui qui s'éveille dans la jeunesse. C'étoit de l'amour jaloux, de l'amour inquiet, de l'amour savant, de l'amour goulu de jouissances; c'étoit de la passion matérielle. Cet amour-là est si loin des premiers, qui élèvent la pensée, qui déroulent l'intelligence, qui ennoblissent, qui dévouent, qui émancipent, qu'il n'a pas une sensation assez noble, assez délicate pour qu'elle puisse être exprimée; pas une idée qui puissent s'exhaler comme un parfum; pas de vague, point de rêverie; les sens seuls y parlent d'une voix rauque; enfin c'est un amour creux, inerte et stupide quand il n'agit pas; éhonté, persévérant, implacable quand il est blessé ou dédaigné.

Patrick, lui ayant donné les marques d'un respectueux hommage, se releva; elle lui commanda, avec un air de grandeur familière, de s'asseoir à ses côtés, et Patrick obéit en disant :

— Tout-à-l'heure, entrant dans ce séjour de fée, au milieu de mon enivrement, des sons harmonieux de voix humaine et de guitare ont caressé mon oreille. Vous chantiez, madame? Pourquoi faut-il que je sois venu, comme un grossier pâtre, troubler du bruit de mes pas la vallée solitaire et le chant de philomèle!... Pardonnez-moi, madame, cette idylle et le rôle malencontreux que j'y joue.

— A la fois poète et galant, poète comme M. Dorat, galant comme M. de Richelieu. Vous êtes un esprit accompli, sir Patrick.

— Vos louanges et votre indulgence ont autant de largesse que votre cœur, madame; mais permettez-moi de décliner le diplôme de poésie et de chevalerie que vous daignez m'octroyer; si Dieu m'eût fait de semblables dons, ce n'est point, veuillez le croire, M. Dorat ni M. de Richelieu que j'eusse pris pour émules. Plutôt Yung et Bayard.

— Yung, ce nouveau songe-creux?

— Oui, madame.

— Et Bayard, cette bégueule?

— Sans peur et sans reproche, madame.

— Vous avez d'étranges idées sur la vie. Je ne sais, monsieur, quel lucre vous pourrez en tirer, répliqua la Putiphar d'un ton de dépit, froissée qu'elle étoit par ces paroles austères.

— Toutefois, madame, je ne serai point déçu; je n'ai jamais songé à tirer un lucre de mes sentiments ni de ma conduite; je demeure simplement convaincu que le bien mène à bien.

La conversation prenoit une teinte sérieuse qui contrarioit les desseins de la Putiphar; elle l'interrompit tout net par une brusque interrogation.

— Vous êtes musicien, sans doute, sir Patrick?

— Moins que je le voudrois pour mon contentement.

— Oh! dites-moi quelque chant de votre pays!

— Quoique souvent, ainsi qu'un Hébreu sur les bords du fleuve de Babylone, je m'asseye et je pleure quand je me souviens de Sion, je n'ai point suspendu ma harpe aux saules, et je ne vous répondrai point, madame : *Comment chanterois-je un cantique du Seigneur dans une terre étrangère?* car je ne suis point ici auprès d'une ennemie de mon Dieu. Je vous chanterai tout ce qui pourra vous plaire, madame; mais je crains que nos airs populaires, simples, lents, expressifs, ne vous soient insupportables, accoutumée comme vous l'êtes aux ariettes d'opéra.

En retour, je ne vous demande qu'une seule faveur, celle de daigner achever la romance que mon arrivée a interrompue.

— Oh! ce n'est que cela, sir Patrick?... Je vous avertis qu'il ne me restoit plus qu'un seul couplet, que voici :

Madame Putiphar, ayant préludé sur sa mandoline,

se mit à soupirer d'une voix perlée, pleine de sentiment, de cadence et d'afféterie :

> Iris, de tant d'amants qui vivent sous vos lois,
> A qui donnez-vous votre voix,
> A la perruque blonde ou brune,
> Au plus chéri de la fortune?
> Hélas! que je serois heureux
> Si c'étoit au plus amoureux.

Cette musique est pleine d'agrément, n'est-ce pas? elle accompagne merveilleusement la délicatesse de cette poésie.

— Pourtant, s'il m'étoit permis de m'exprimer, à moi profane, elle m'avoit semblé mieux dans l'éloignement. N'est-elle pas un peu fade et maniérée? Ne trouvez-vous pas ces paroles assez sottes.

— Ouais! que dites-vous là, mon cher? vous vous feriez un tort considérable si le monde vous entendoit. Une romance de notre poète le plus distingué et de notre compositeur le plus comme-il-faut et le plus en vogue!

— Madame, je vous l'ai dit, je ne suis que le paysan du Danube.

— Je ne sais quel fut le choix d'Iris, mais le mien en pareil cas ne seroit pas douteux, sir Patrick; mon cœur ne balanceroit pas longtemps entre la perruque blonde et la perruque brune. Fi de la perruque brune!

— Fi de la perruque blonde!

— Ah! Patrick, ne traitez pas ainsi votre belle chevelure de Phœbus! Vous n'êtes pas assez infatué de vous-même. Je vois bien qu'il faut qu'on vous aime pour que vous soyez aimé. Laissez au moins qu'on vous aime.

— Madame, je ne me défends pas de l'amour.

— Il fait ce soir une chaleur accablante, n'est-ce pas?

— Moins accablante cependant que ces soirées dernières.

— J'étouffe pourtant, et, tenez, je suis à peine vêtue de ce mince peignoir.

En disant cela, madame Putiphar faisoit des minauderies engageantes : elle soulevoit, elle entr'ouvroit comme par étourderie son peignoir, et complaisamment laissoit voir à Patrick ses épaules potelées, ses beaux seins, sa belle poitrine et ses jambes blanches, jeunes et gracieuses de formes, qui depuis vingt ans faisoient les délices de Pharaon.

A ce spectacle Patrick en apparence demeuroit assez froid; cependant ses regards subitement enflammés s'arrêtoient parfois amoureusement sur ces éloquentes nudités; et la Putiphar, qui devinoit son émotion, souffloit sur cet embrasement par les poses les plus excitantes et l'abandon le plus coupable. Il y avoit en lui un combat violent entre sa fougue et sa raison, entre son appétit et son devoir. Il comprenoit parfaitement toutes les invitations tacites de la Putiphar; ses sens y répondoient, son sang bouilloit, il trembloit de fièvre. Comme une main invisible le penchoit sur elle ainsi qu'on se penche sur une fleur pour en aspirer le parfum. Lorsque, l'esprit éperdu, il se sentoit sur le point de se jeter sur ce corps ravissant et de lui appliquer de longs baisers, ses mains s'agrippoient au canapé, et il se retenoit avec violence.

Puis, lorsqu'un peu de calme lui revenoit et qu'il songeoit à toutes les souillures qu'avoit dû subir ce corps, sur lequel il n'y avoit peut-être pas une seule place vierge pour y coller ses lèvres, un rideau de fer tomboit entre elle et lui, ses sens se glaçoient, sa raison comme un marteau brisoit et pulvérisoit ses désirs, et l'image de Déborah s'élevoit alors comme une apparition au-dessus de ces ruines.

Fatigué par cette lutte, craignant à la fin de foiblir et de se trouver enlacé dans une séduction irrésistible, pour trancher brusquement le charme, il se leva et se mit à se promener au pourtour du boudoir, en examinant un à un les tableaux et les peintures des boiseries.

Mais pour ramener à l'autel et au sacrifice la victime qui s'échappoit, madame Putiphar dit à Patrick :

— Revenez, s'il vous plaît, auprès de moi, monsieur; je ne vous tiens pas quitte : payez-moi de retour, rendez-moi ariette pour ariette, vous m'avez promis une chanson irlandoise.

— Madame, je n'ignore point tout ce que je vous dois.

— Allons, venez ici, lutin !...

Patrick ne pouvoit sans une impolitesse manifeste se tenir plus longtemps éloigné. Il revint donc s'asseoir sur le divan à la même place, prit la mandoline, et chanta une longue ballade.

Durant tout le temps de cette psalmodie, madame Putiphar, dans une sorte d'extase, lui donna toute son attention et touts ses regards : elle le contemploit avec l'air de satisfaction d'une mère ravie des gentillesses de son enfant, ou d'une amante qui se félicite en son esprit du bel objet de son heureux choix. Elle étoit fière de sa conquête, pour sa beauté, pour sa jeunesse; elle se complimentoit de ce que, sur le retour de l'âge, le sort lui avoit réservé une si fraîche proie.

Quand Patrick eut achevé son chant, elle le remercia avec des démonstrations presque phrénétiques, lui serrant les mains et les appuyant sur sa poitrine, qui bondissoit.

— Tout est parfait en vous, mylord, votre voix captive et séduit; elle est suave et facile; vous la modulez avec un goût, un talent vraiment exquis. Avant d'avoir éprouvé le plaisir de vous entendre, je croyois qu'un gosier semblable ne pouvait être que Napolitain.

— Les Irlandois, madame, ont toujours eu une très-grande aptitude à la musique, et l'ont toujours honorée et cultivée. Dans les temps les plus antiques, comme le rapporte Dryden, ils excelloient à pincer de la harpe, et il n'y avoit pas une maison où l'on n'apperçût en entrant cet instrument suspendu à la muraille, soit à l'usage du maître du logis, ou à celui des visiteurs et des hôtes.

Les paysans les plus grossiers sont encore au plus haut point sensibles à ses charmes. Tout honneur et toute hospitalité pour celui qui se présente au bruit d'un luth à la porte d'une cabane; la famille ouvre aussitôt son cercle; tout pélerin chanteur est un enfant de plus, il prend place autour du chaudron de patates, et a sa part de lard et de lait. Le *minstrel* est comme l'alouette, on ensemence pour lui.

Avec cette mandoline, je ferois, madame, le tour de l'Irlande dans l'abondance, et chaque hutte seroit pour moi un capitole où j'aurois un triomphe, non aussi théâtral que ceux d'Italie, mais plus touchant et plus doux à mon âme, simple, modeste, ombrageuse.

— Votre langue est harmonieuse et pleine de voyelles et de désinences sonores. Je la croyois, dans mon ignorance, maussade et crue comme le patois anglois; je vous en demande pardon, sir Patrick.

Effectivement la langue irlandoise, qui ne tardera pas à disparoître comme tant d'autres, — l'anglois a déjà envahi plusieurs comtés, — est une langue superbe, elle a tout le génie d'une langue méridionale; ce n'est que dans l'espagnol qu'on peut trouver des mots aussi beaux, aussi sonores, aussi majestueux. Voyez seulement les noms propres; connoissez-vous rien de plus pompeux que ces mots de Barrymore! Baltimore! Connor! Magher esta Phana! Orrior! Slego! Mayo! Costello! Burrus! Killala! Ballinacur! Kinal-Meaki! Pobleobrien! Offa! Iffa! Arra! Ida! Killefenora! Inchiquin! Rossennalis! Banaghir! Corcomroe! Tunnichaly! Clonbrassil!...

Toutefois, c'étoit moins parce qu'elle étoit frappée

de ces beautés, que par une pensée insidieuse, que madame Putiphar flétrissoit l'anglois, et réchauffoit par sa flatterie dans le cœur de Patrick l'amour glorieux de la patrie. Elle savoit que touts les amours sont frères, et qu'une âme où s'agite l'enthousiasme est un navire ordinairement peu difficile à capturer.

— Si je ne craignois, mon bel ami, de trop exiger de vous, je laisserois paroître une curiosité, que vous me pardonneriez sans doute, vous êtes si courtois; je vous laisserois voir combien je désire de connoître le sens de ces paroles que vous venez de chanter si langoureusement : ce doit être de l'amour? quelque amante brûlant d'enlacer dans ces bras un insensible, un ingrat, qui semble la dédaigner, qui semble ne point comprendre ce que lui dise ses regards enflammés, et ce que lui révèlent ses caresses.... Pauvre Sapho, qui rêve à Leucade! pauvre nymphe, pauvre naïade, qui s'épuise à briser la glace d'un étang!...

Patrick crût pouvoir, sans témérité, par l'accent de reproche avec lequel elles avoient été dites, soupçonner ces gratuites suppositions de madame Putiphar de faire directement allusion à sa position et à sa conduite. Blessé d'une pareille impudeur, il répondit sèchement à ses agaceries : Madame en voici la traduction :

« Mac-Donald passa de Cantir en Irlande, avec
» une troupe des siens, pour assister Tyrconel contre
» le grand O'Neal, avec lequel il étoit en guerre.

» Mac-Donald, en traversant le *Root* du comté

» d'Antrim, fut reçu avec amitié par Mac-Quillan,
» qui en étoit le maître.

» Mac-Quillan faisoit alors la guerre aux peuples
» qui habitoient au-delà de la rivière du Bann.

» L'usage des habitants de cette contrée étoit de
» se dépouiller réciproquement; et comme le plus
» fort avoit toujours raison, le droit ne servoit de
» rien.

» Le même jour que Mac-Donald partit pour
» joindre son ami Tyrconel, Mac-Quillan rassembla
» ses *Galloglohs*, pour se venger des outrages que lui
» avoient faits les puissantes peuplades du Bann.

» Mac-Donald, qui avoit été accueilli avec tant
» d'hospitalité par Mac-Quillan, crut qu'il ne seroit
» pas bien d'abandonner son hôte dans cette expé-
» dition périlleuse, et lui offrit ses services.

» Mac-Quillan accepta cette offre avec plaisir, en
» déclarant que lui et sa postérité en seroient recon-
» noissants. Les deux guerriers réunis attaquèrent
» l'ennemi, qui fut forcé de restituer au double tout
» ce qu'il avoit enlevé à Mac-Quillan.

» Ainsi se termina cette campagne, qui fut très-
» heureuse pour Mac-Quillan : il n'y perdit pas même
» un seul homme, et les deux partis rentrèrent char-
» gés d'un butin considérable.

» L'hiver approchoit, et l'Irlandois invita l'Écos-
» sois à hiverner avec lui dans son château, et à

» loger sa troupe dans le *Root*. Mac-Donald y con-
» sentit; mais cette invitation devint funeste pour
» l'hôte.

» Car sa fille fut séduite par l'étranger, qui l'épousa
» en secret, sans son consentement. De ce mariage
» viennent les prétentions des Écossois sur les biens
» de Mac-Quillan.

» Les soldats d'Écosse furent logés chez les fer-
» miers du *Root;* on les plaça de manière que dans
» chaque maison il y avoit un Écossois et un *Gallo-*
» *gloh*.

» Les paysans de Mac-Quillan donnoient à chaque
» *Gallogloh*, outre sa pitance, une jatte de lait. Cet
» usage fit naître une rixe entre un Écossois et un
» *Gallogloh*.

» L'étranger ayant demandé la même chose au
» fermier, le *Gallogloh*, prenant la défense de l'hôte,
» lui répondit : *Comment osez-vous, gueux d'Écossois,*
» *vous comparer à moi ou à un des* Galloglohs *de*
» *Mac-Quillan!*

» Le pauvre paysan, qui désiroit se voir débar-
» rasser de touts les deux, leur dit : *Mes amis, je*
» *vais ouvrir les deux portes; vous irez, dans le*
» *champ, vider votre querelle, et celui qui reviendra*
» *vainqueur aura le lait.*

» Cette lutte fut terminée par la mort du *Gallo-*

» *gloh*, et l'Écossois revint tranquillement chez le
» fermier, et dîna de fort bon appétit.

» Les *Galloglohs* de Mac-Quillan s'assemblèrent
» immédiatement après ce meurtre pour venger le
» sang de leur frère. Ils examinèrent la conduite des
» Écossois, leur prépondérance dangereuse, et l'af-
» front que leur chef avoit fait à leur chef en sé-
» duisant sa fille.

» Il fut arrêté que chaque *Gallogloh* tueroit son
» compagnon pendant la nuit, et qu'on n'épargneroit
» pas même leur capitaine. Mais la femme de Mac-
» Donald, ayant découvert le complot, avertit son
» époux, et les Écossois s'enfuirent dans l'île de
» Raghery.

» Depuis cette époque, les Mac-Donald et les
» Mac-Quillan se firent une guerre qui dura près
» d'un demi-siècle, et qui ne fut terminée que lorsque
» les deux partis portèrent leurs plaintes à Jacques Ier.

» Jacques favorisa son compatriote l'Écossois, et
» lui donna quatre grandes baronnies, et touts les
» biens de Mac-Quillan : mais, pour voiler cette in-
» justice, il accorda à Mac-Quillan la baronnie d'Enis-
» hoven, et l'ancien territoire d'Ogherty : cette déci-
» sion royale lui fut portée par sir John Chichester.

» Mac-Quillan, mécontent de ce jugement, et plus
» encore des difficultés de transporter tout son clan
» à travers le Bann et le Lough-Foyle, qui sépa-
» roient ses anciennes possessions des nouvelles,

» accepta l'offre du porteur des offres du Roi, qui lui
» proposoit ses propres terres.

» Mac-Quillan céda son droit sur la baronnie
» d'Enishoven contre des possessions plus à sa portée;
» et depuis lors les Chichester, qui par la suite ob-
» tinrent le titre de comtes de Donegal, sont pos-
» sesseurs de ce pays considérable; et l'honnête
» Mac-Quillan se retira dans des terres de beaucoup
» inférieures aux siennes. »

Comme il achevoit la dernière strophe, on heurta à l'une des portes et l'on avertit madame Putiphar que le souper étoit servi.

Elle se leva aussitôt, et prit Patrick par la main pour le conduire.

— Je vous demande pardon, lui dit-elle avec coquetterie, si je prends la liberté de demeurer en un pareil négligé, mais je suis si paresseuse que je n'aurois pas le courage de faire une toilette.

Elle se mit donc à table comme elle étoit vêtue sur le canapé, c'est-à-dire nue dans une espèce de peignoir ou de robe-de-chambre de satin blanc que les dames du temps appeloient un *laisse-tout-faire*.

J'ai tort, peut-être, de rapporter ici ce mot impudique, mais il exprime si bien le dévergondage régnant à cette époque. N'est-ce pas, il dit plus, à lui tout seul, et résume mieux ses mœurs négatives que dix in-folio. C'est un de ces mots renfermant en eux-mêmes toute la chronique d'un autre âge, et qui demeurent à travers les siècles comme des monuments accusateurs des temps qui les ont fait naître. Celui-là porte en outre son étymologie en évidence, et n'est pas de ceux qui préparent des tortures aux Pierre Borel et aux Ménage futurs.

Étoit-ce une salle, un boudoir, un salon ou une chambre, la seconde pièce où ils se rendirent pour le souper? A quel usage étoit-elle destinée? Cela étoit difficile à reconnoître : Il y avoit de toute espèce de meubles, jusques à un lit dans une alcôve, jusques à une petite bibliothèque que Patrick un instant s'amusa à fouiller du regard pendant que la Putiphar faisoit quelques préparatifs. Tout au pourtour s'étaloient de larges sophas couvrant presque tout le parquet, et laissant à peine de quoi circuler autour de la table. Si en se balançant sur sa chaise ou sur ses jambes, troublé par un léger surcroît de boisson, on venoit à se renverser, on ne pouvoit faire qu'une chute délicieuse.

Patrick avoit imaginé qu'au souper il trouveroit nombreuse compagnie; quand il se vit, dans ce cabinet mystérieux, enfermé seul, en tête-à-tête, il commença à croire sérieusement, ce que son peu de présomption jusque là lui avoit empêché de faire, que madame Putiphar avoit sur lui des projets, et qu'il étoit en partie fine.

Son cœur se serra, son esprit s'emplit de dégoût en découvrant ce manège effronté pour circonvenir un homme, et pour le placer dans une nécessité. Il comprit alors toute sa position fausse et dangereuse. Il se maudissoit d'avoir accepté cette invitation. Se retirer étoit chose impossible : comment ? pas de portes visibles, elles étoient cachées sous des tentures; où ? Il ignoroit les aitres et les alentours de cette demeure. Puis les affidés le laisseroient-ils s'enfuir? Mille aventures galantes et sinistres lui repassoient alors dans l'esprit; d'ailleurs fuir ne le sauveroit pas du ressentiment de cette femme. Il se résigna donc puisqu'il étoit tout à fait à sa merci, déterminé à s'abandonner pour sa conduite à l'inspiration du moment, et se confia à la garde de Dieu.

Madame Putiphar étoit ce soir-là d'une amabilité obséquieuse et d'une facile gaieté, un courtisan l'auroit trouvée divine. Par tout ce qu'elle avoit d'agréable en son pouvoir elle essayoit à dérider le front soucieux de Patrick, et à lui mettre au cœur un peu de joie communicative.

Retranché derrière une douce politesse et une affabilité pleine de réserve, il conservoit toujours une dignité désespérante, que ne purent lui faire perdre ni les mets aphrodisiaques dont elle l'appâtoit, ni le vin-*rancio* qu'elle lui versoit à rasades. L'aisance et l'aplomb de Patrick la dépitoient surtout, ne lui permettant pas d'attribuer sa froideur à de la timidité ou de l'ingénuité.

Habituée, à grand renfort d'anecdotes et d'aventures licencieuses, à bercer et à mettre en belle humeur Pharaon, amateur de contes comme Scha-Baham, mais de contes bien scabreux, elle essaya du même procédé sur Patrick. Toute la cour fut passée en revue; maison du Roi, maison de la Reine, maison de la Dauphine, maison de Madame et de Mesdames, maison de monseigneur le duc d'Orléans ; enfin tout le clergé et toute la ville.

Justement, la veille, elle avoit reçu le journal que lui tenoit de tout ce qui arrivoit d'étrange et de célèbre en son *abbaye* la Gourdan — *alcahueta* — de la rue Saint-Sauveur; le journal que M. de Sartines lui dressoit pareillement de touts les faits scandaleux et atroces ressortissant de la police de Paris et du Royaume ; et le journal de sa police à elle, particulière, occulte et non moins active que celle du charlatan M. de Sartines.

Les drôleries les plus divertissantes, les historiettes les plus libidineuses, les énormités à faire tomber le feu du ciel ne manquèrent pas ; mais, loin de produire le même effet sur l'esprit de Patrick que sur le royal esprit de Pharaon, ces turpitudes lui soulevèrent le cœur de dégoût, et l'affectèrent douloureusement.

Ainsi, tout le repas s'écoula en ces causeries entremêlées de propos fort lestes, et d'agaceries sans ambiguïté.

Au dessert elle demanda cinq ou six flacons de champagne mousseux à madame du Hausset, qui seule avoit fait le service.

— Cinq ou six flacons de vin de champagne!... répéta Patrick d'un air émerveillé; madame, que voulez-vous faire de cette provision ?

— Qu'est-ce que cela, mon bel ami, pour un grand garçon comme vous ! Vous avez si peu voulu boire en mangeant que vous devez être oppressé ?

— Bien loin de là, madame, j'ai bu, plus qu'à ma suffisance; j'ai accoutumé de vivre fort sobrement.

— N'allez-vous pas me faire accroire qu'avec deux bouteilles de champagne on vous avineroit comme feu le Régent. Allons, tendez votre verre; ne seriez-vous pas honteux de me laisser boire seule?

— Madame, vous allez m'enivrer; je ne suis point buveur.

— Vous n'êtes point buveur : qu'êtes-vous donc? qu'aimez-vous donc? Car un homme, un jeune homme surtout, impétueux, ne peut être sans aucune passion. Cela ne se voit point, cela n'est pas possible, cela seroit monstrueux ! Mais quoi vous ronge ! quoi vous domine ? qu'aimez-vous ? que faites-vous enfin ! Seriez-vous joueur ?...

— Joueur !... madame, je n'ai jamais mis les pieds dans un brelan.

— Vous n'êtes pas buveur, vous n'êtes pas joueur.... Aimez-vous les spectacles?

— Je ne m'y ennuie pas; mais ce n'est point un besoin pour moi.

— Vous n'êtes ni joueur, ni buveur, ni friand de spectacles... Aimez-vous la danse et le bal ?

— Madame, je ferois le sacrifice de danser pour une femme que je chérirois, si le premier sacrifice que j'exigerois d'une femme semblable n'étoit pas celui de renoncer à la danse.

— Êtes-vous chasseur?

— Madame, je n'ai point en moi d'instinct féroce à assouvir. J'éprouve un trop constant sentiment d'admiration pour les fauves et les oiseaux, ces parfaites créatures, louanges vivantes de Dieu, pour prendre jamais à tâche de les anéantir. Je ne me crois pas meilleur bûcheron que chasseur : je rêverois sous un tilleul; j'écouterois chanter une alouette, mais je ne saurois les frapper, j'ai horreur de toute destruction.

— Vous faites par trop la bégueule, mon pastoureau; sans être, je pense, plus sanguinaire que vous, cette main, que vous avez couverte de baisers si tendres, aux chasses de Pharaon a plongé le couteau dans le cœur de plus de mille cerfs aux abois.

Récapitulons : vous n'êtes ni buveur, ni chasseur, ni joueur, ni amateur de bals et de spectacles.... Mon Dieu ! qu'êtes-vous donc ? qu'aimez-vous donc ? parlez ?... Ouvrez-vous ?... Cela ferait venir de laides pensées.... auriez-vous de ces goûts honteux ?... Non, c'est plutôt quelque penchant secret que vous n'osez avouer. Courage ! parlez : on est bonne, on vous pardonnera, on vous pardonnera tout. Cela est bien pardonnable en effet : un jeune homme plein d'ardeur et de vie peut bien s'éprendre d'amour pour une femme, non sans quelques charmes encore, qui s'est laissée aller à lui, qui s'est plu à nourrir en lui un espoir peut-être orgueilleux; mais, non, ce jeune homme n'a point porté ses vues trop haut : il est aimé : tout est dit. Qu'il soit heureux !... Mais parlez donc, confiez-vous à moi, dites enfin quelle est cette passion ?...

— J'aime....

— Qui?

— J'aime les femmes.

— Les femmes? Ah! c'est bien heureux!... Les femmes?... mais cela est fort vague. Les femmes, c'est un univers; n'y avez-vous point de patrie?

— Pardon, madame, j'en ai une qui remplit mon cœur, et qui le remplira à jamais.

— Belle?

— Belle!

— Noble et riche?

— Noble et riche.

— Jeune encore?

— Toute jeune.

— Vous êtes un adroit flatteur, Patrick. Allons, ce compliment vaut bien du champagne sans doute; allons, donnez votre verre.

Vertugadin! quelle bague avez-vous donc au doigt? quelle antiquaille! d'où sortez-vous cela? Mon Dieu! c'est quelque anneau trouvé dans le ventre d'un requin!

En poussant ces exclamations, madame Putiphar se leva de table, alla fouiller dans un coffret de laque de Chine, et revint auprès de Patrick.

— Donnez votre doigt, lui dit-elle; laissez que je vous ôte cette ridicule bague, et que j'y passe celle-ci plus digne de vous.

— Madame, tout-à-l'heure, ne vous ai-je pas dit qu'entre les femmes j'avois une amie?

— Oui.

— Jeune, belle, noble?

— Oui.

— Eh bien, madame, cette femme....

— Quoi! cette femme?...

— Pardon! il faut donc vous le dire, madame?... Eh bien, cette femme n'est pas marquise.

— N'est pas marquise!

— Et elle se nomme Déborah!

— Déborah!... Patrick! ah! vous êtes cruel!

— Cette bague, que vous vouliez m'arracher, est le signe de notre alliance; c'est son ayeul qui en expirant la lui donna. Déborah tenoit à ce gage autant qu'à sa propre vie; elle m'a confié l'un et l'autre.

La nuit, sous le ciel, en présence de Dieu et de la nature, j'ai tout accepté, femme et gage; et j'ai fait un serment que vous ne voudriez pas me voir parjurer.

— Autrefois, une petite fille vous a donné cette breloque, c'est bien; vous y tenez, gardez-la; mais qu'importe! Est-ce une raison pour que moi, aujourd'hui, à mon tour, je ne puisse vous offrir cet anneau précieux? Laissez, ils tiendront bien touts deux.

— Madame, je ne puis; je ne saurois avoir deux amours.

— N'en ayez qu'un, et faites-en deux parts.

— L'amour que j'ai, madame, ne se partage point.

— Qui vous parle d'amour? prenez seulement cette bague.

— Une bague est une alliance, madame.

— Hé, c'est bien pour cela.

— C'est un serment.

— Hé, c'est bien pour cela.

— L'un et l'autre sont faits, madame. Il est une femme, vous dis-je, à qui j'ai donné un amour éternel; ne vous obstinez pas, vos prières seroient vaines.

— Comprenez-vous que vous me faites un affront, jeune homme? Qui vous parle d'amour? qui vous demande de l'amour? imbécille! — Vous m'outragez, entendez-vous? vous m'outragez doublement en refusant cet anneau, et en me prêtant des intentions qui me couvrent de honte! Vous allez sortir, monsieur!

Mais c'est vraiment une pitié! Qui a pu vous faire croire que je voulois de vous, malheureux?... Moi, moi! vouloir de vous! m'abaisser, m'avilir jusque là!...

Bientôt on ne pourra plus faire l'aumône à un mendiant sans qu'il ne croie qu'on lui veuille acheter son amour!

Vous allez sortir, monsieur.

D'Hausset! d'Hausset! holà! faites monter mes gents, qu'on me jette cet homme à la porte!

J'étois folle, je crois!... Un mauvais Anglois, un petit mousquetaire, un homme de rien, de néant, un homme d'où je ne sais où, sur qui je répandois mes grâces, que j'élevois jusques à moi, que je voulois sauver!... car je voulois te sauver, misérable! car ton infamie n'est pas à terme!

Qui pouvoit donc me donner tant de dévouement et de confiance? Je savois tout. Je m'aveuglois sur toi. Lâche, tu fais donc le métier d'égorger et d'outrager les femmes! Tu es un assasin! ton effigie pend sans doute encore au gibet de Tralée. Baisse donc ton front ignominieux, misérable contumax!

— Contumax!... Il est vrai, madame, que je suis aussi malheureux que juste. Contumax!... mais ce mot n'a-t-il pas d'écho en votre cœur? n'éveille-t-il point chez vous de souvenirs, et ne vous commande-t-il point de la pitié? Avez-vous donc perdu la mémoire, mademoiselle Poisson, madame Lenormand? Ne vous souvient-il plus de votre père le boucher des Invalides, qui, chargé de vols et de déprédations, s'enfuit on ne sait où pour éviter le glaive de la loi? Si vous savez si bien qui je suis, je sais quel il est et quelle vous êtes : vous savez que je suis innocent, et je sais qu'il ne l'est pas....

— Mon Dieu! mon Dieu! personne ne me délivrera donc de cet infâme! me laissera-t-on briser toutes les sonnettes!

Ah! vous voilà, messieurs, arrivez donc! entrez, et jetez-moi cet homme dehors.

En ce moment se montroient à l'une des portes quatre grands molosses en livrée.

— Ho! ho! messieurs, tout beau! Attendez, s'il vous plaît, j'ai encore un mot à dire à madame, leur cria Patrick! et, prenant dans la bibliothèque un volume de la *Nouvelle Héloïse*, il en feuilleta quelques pages, et ajouta : Ce mot que j'ai à dire n'est pas de moi, il est du citoyen de Genève; le voici :

LA FEMME D'UN CHARBONNIER EST PLUS ESTIMABLE QUE LA MAÎTRESSE D'UN ROI.

— Mon Dieu! mon Dieu! on ne me chassera donc pas cet homme!...

Les quatre valets s'avancèrent alors pour se saisir de lui.

— Holà, messieurs les laquais, ne m'approchez pas ! Je suis entré ici avec les honneurs de la guerre, et je n'en sortirai qu'avec les honneurs de la guerre ! s'écria Patrick, en tirant son épée : Ne m'approchez pas ; le premier qui s'avance, je le tue !

Allons, laquais, des bougies ! — Éclairez-moi, — montrez-moi le chemin, — je vous suis.

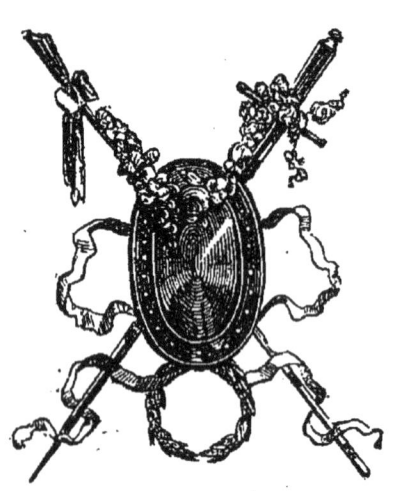

XXVII.

PATRICK avant de sortir fit une profonde salutation à madame Putiphar.

Pantelante de colère, l'œil hagard, elle s'étoit renversée sur un sopha, où elle demeura assez longtemps dans la plus morne immobilité.

Puis, subitement, l'énergie lui étant revenue, comme une effarée elle alla s'asseoir à un bureau; mais son agitation étoit encore si forte que sa plume trembloit dans sa main comme un panache au vent. D'impatience elle la rejeta au loin, et appela sa femme de chambre.

— Du Hausset! asseyez-vous là, lui dit-elle; allons, écrivez, s'il vous plaît, sous ma dictée.

A M. le marquis de Gave de Villepastour.

« Marquis,

» Vous aviez raison, ce petit M. Fitz-Whyte est
» un niais, un ours, un assassin, tout ce que vous
» voudrez.... Vous me l'aviez abandonné, je vous le
» rends; je vous avois défendu de l'expulser de votre

» Compagnie, je vous enjoins de le chasser au plus
» tôt ignominieusement.

» Tel est, marquis, notre bon plaisir à cette heure.

» Votre servante »

D'autre part, maintenant.

A M. Phélipeaux Saint-Florentin de la Vrillière.

« Mon petit saint,

» Venez me voir aussitôt réception de la présente.
» J'ai besoin de vous, c'est-à-dire de votre ministère
» affectionné. Il me faut deux lettres-de-cachet; je
» révoque la révocation en grâce du mousquetaire
» Fitz-Harris, et je veux la prompte incarcération au
» Donjon du mousquetaire Patrick Fitz-Whyte.

» Venez vite, mon bon petit; pour tout cela il est
» nécessaire que nous nous concertions.

» Votre fidèle amie. »

Donnez, que je signe.

Vous allez les cacheter de suite, et les faire remettre à mon coureur, pour que, dès le matin, il ait à les porter à leur adresse.

Ceci fait, elle se sentit quelque peu soulagée. Déjà elle éprouvoit cette satisfaction qui survient après la vengeance, satisfaction bien douce au cœur de l'offensé, mais satisfaction féroce.

Importune à elle-même, désappointée, comme on

l'est à un rendez-vous où l'on se trouve seul; désorientée, comme on l'est lorsqu'une partie longuement préméditée vient à faillir à l'heure de son exécution, et qu'il reste un loisir à tuer; d'une humeur *massacrante*, sans besoin de sommeil, elle se mit au lit, où elle ne goûta point un repos qu'elle ne cherchoit pas.

Sur le feu de sa poitrine embrasée sa haine bouillonnoit dans son cœur, chaudron d'airain !

Dans le dépit on aime à grossir encore ses souffrances, on se plaît au mal qu'on a et qu'on se fait, on a du bonheur à ronger son frein ; on veut le ronger long-temps ; on veut de l'insomnie ; la pensée y fermente à l'aise et cette fermentation est un courant rapide d'idées sur lequel on se laisse dériver, ainsi qu'une barque sans voiles et sans rames.

C'est ainsi que s'écoula toute une nuit qu'elle avoit marquée à l'avance pour ses débauches.

Quien cuenta sin huesped, cuenta dos.

XXVIII.

PATRICK, de son côté, passa cette nuit dans une grande agitation, mais qui n'avoit ni la même source ni le même caractère.

Après avoir été éconduit si brutalement de Trianon, au lieu de rentrer dans la ville, où, à cette heure avancée, il n'eût point trouvé d'auberge ouverte, il se résigna très-volontiers à errer dans la campagne en attendant le jour.

Ayant pris à l'aventure un chemin, il se trouva, après un peu de marche, sur la lisière d'un bois où il s'enfonça avec ce saint frémissement qui saisit toujours une âme rêveuse pénétrant dans un lieu profond, sombre, silencieux; et il alla s'asseoir sous un orme touffu, dont les branches, inclinées jusqu'à terre, formoient un pavillon de verdure sur le bord escarpé d'un étang.

Perdu dans l'obscurité sous ces branchages il se plaisoit à voir passer et folâtrer, et brouter autour de lui dans une sécurité parfaite, les lièvres, les biches, les chevreuils; il ressembloit à ces frontispices de fables où se voit Ésope, Phèdre ou La Fontaine, environné de bêtes en familiarité.

Quand son esprit n'étoit point dissipé par un follet glissant à fleur d'eau, par un effet de lune à travers le feuillage, par la société de quelque fauve, ou par le chant de quelque oiseau nocturne, il tomboit dans une grande tristesse.

A peine au tiers de la vie, comme un voyageur lassé, déjà il faisoit halte, et se retournoit pour mesurer la route qu'il avoit parcourue. Il se sondoit pour voir ce qu'il lui restoit de force pour achever son douloureux pélerinage.

Touts ses maux, toutes ses douleurs, toutes ses peines, toutes ses fatalités lui revenoient en foule à la mémoire. Il essayoit de les peser avec ses joies et ses bonheurs, mais en vain; les poids étoient trop inégaux.

Son passé étoit horrible; et son présent douloureux ne lui promettoit rien de bon pour l'avenir.

Mon Dieu! mon Dieu! s'écrioit-il dans son désespoir! Que ne m'avez-vous fait semblable à ces hommes qu'on appelle méchants! Au lieu d'être ici à gémir, solitaire, je m'abreuverois de plaisir et de volupté dans les bras d'une espèce de reine; et, demain, au lieu d'être courbé, comme je le serai sans doute, sous le poids de son ressentiment; au lieu peut-être de voir retomber sur moi la trappe d'un cachot, je monterois quatre à quatre les degrés de la fortune.

Mon Dieu, ne seroit-il pas possible que je pusse être heureux sans changer de sentiments?

Mon Dieu, que me réservez-vous donc en l'autre vie pour me faire celle-ci tant cruelle?

Puis, quand il avoit beaucoup pleuré, il se consoloit, comme cherchent à le faire touts les malheureux en comparant leurs misères à des misères plus affreuses. Sa dernière infortune surtout lui paroissoit bien légère lorsqu'il songeoit au roi Lear, ce bon vieillard, jeté par ses enfants dénaturés à la porte de son palais; durant une nuit orageuse, sans abri, errant dans la campagne, à demi-nu, transi de froid; son front chauve et ses cheveux blancs battus et trempés par la pluie.

Dès l'aube du jour il rentra dans Versailles où, sur la place d'armes, il apperçut le coureur de madame Putiphar qui partoit en dépêche.

De retour à la caserne, il donna ses ordres à son brosseur, et se jeta sur son lit pour prendre enfin un peu de repos.

Son sommeil fut peu long, son réveil peu affable : au nom de M. le capitaine, sans motiver autrement son arrestation, on vint l'arracher de sa chambre pour le mettre au cachot et au secret.

XXIX.

LE lendemain, sur le midi, du fond de sa prison, il entendit les trompettes sonner trois fois une chamade; cet appel extraordinaire le jeta dans un grand étonnement, et comme il se creusoit la tête pour s'en expliquer la cause, la grille de son cachot s'ouvrit. On le pria d'en sortir et de monter à son logement pour endosser son habit et son fourniment de grande tenue.

Quand il fut prêt, l'officier et les deux gardes qui, mousquet au bras, l'avoient accompagné le conduisirent dans la cour d'honneur.

Là, quelle fut sa stupéfaction, en voyant la Compagnie en armes, rangée tout au pourtour et formant un carré évidé.

A son arrivée les trompettes sonnèrent de nouveau, et on l'amena dans le milieu réservé, où se tenoient à cheval le capitaine-colonel et son état-major.

Il comprit seulement alors ce qui alloit se passer, et que c'étoit pour lui que la scène se préparoit.

A cette pensée, son âme se révolta; et, promenant autour de lui ses regards hautains, il fit un geste de défi comme pour appeler au combat, et porta la main à son épée; mais subitement un froid glacial parcourut ses veines, et un tremblement visible le saisit. Une sueur de moribond transpiroit sur son visage pâli; il chanceloit, ses oreilles bourdonnoient et siffloient, ses yeux ne voyoient plus, son esprit étoit anéanti.

C'est à ce moment qu'on le fit mettre à genoux.

M. de Villepastour ordonna au lieutenant rapporteur de faire la lecture de l'arrêt expulsant, lui, Patrick Fitz-Whyte, des Mousquetaires de la Garde comme un homme flétri par les lois, convaincu d'assassinat et pendu par contumace en Irlande.

Pendant le rapport de cette sentence la perception et le sentiment lui étant revenus, il avoit caché sa face dans ses mains. De grosses larmes filtroient à travers ses doigts, et des sanglots déchirants s'échappoient de sa poitrine oppressée.

— Mon Dieu! mon Dieu! murmuroit-il comme la nuit précédente dans la forêt, que me réservez-vous donc en l'autre vie, pour me faire celle-ci tant cruelle!

Après la lecture de l'arrêt, le lieutenant qui l'avoit faite s'avança vers Patrick, et lui enjoignit de se relever pour procéder à sa dégradation.

D'abord, on lui ôta par les pieds son sabre, ses aiguillettes et son baudrier; puis on lui arracha ses parements et ses revers, et un à un ses boutons aux armes royales. Puis on le dépouilla de son habit; puis on lui coupa les cheveux ras, comme à un condamné au dernier supplice, et on le revêtit d'une blaude et d'une capuce de grosse toile.

Les trompettes firent retentir l'air de leurs insultantes fanfares.

Et M. de Villepastour alors s'approcha de lui, et du haut de son cheval le frappa trois fois sur les reins du plat de son épée en criant trois fois : — Va-t'en, — sois banni !

XXX.

Honteux de se trouver par la ville dans cet ignoble costume, Patrick accourut en toute hâte à l'hôtel Saint-Papoul.

— Me reconnois-tu? dit-il en entrant à Déborah, qui demeuroit consternée. Regarde, vois ce que les hommes ont fait de ton époux!...

L'ont-ils assez avili? l'ont-ils assez souillé, dis?...

Il n'en put proférer davantage, et tomba évanoui.

— Eh! que vous est-il donc arrivé, mon bon ami? Parlez, Patrick, qu'avez-vous? que vous ont-ils fait, ces méchants? Qui t'a revêtu ainsi de ce bonnet et de ce sac?... Parle-moi, réponds-moi, mon ami!

— Votre ami!... pauvre femme!... Gardez-vous bien de me donner ce nom, que je ne saurois plus accepter; je suis trop chargé d'opprobre! L'infamie est contagieuse, laissez-moi, fuyez-moi désormais!

Vous, noble et pure; moi, bas et ignominieux; moi flétri et flétrissant, nous ne pouvons être liés touts deux. Séparons, il en est temps encore, nos destinées : que la vôtre soit heureuse! que la mienne soit ce qu'il peut plaire à Dieu!... Autrefois, déjà, je vous l'avois bien dit de renoncer à moi; je suis funeste, voyez-vous! Laissez-moi seul rouler d'abymes en abymes; n'enlacez pas votre vie, qui sans moi seroit belle, à ma vie, qui ne sera qu'affreuse jusqu'au bout.

— Pas de désespoir, Patrick, calme-toi. Sois bon pour moi; ne dis plus de ces vilaines choses qui me font tant de mal, et que plus que toi peut-être j'aurois droit de dire. Va, si l'un de nous deux est funeste à l'autre, je ne suis pas assez aveuglée pour ne point sentir que c'est moi : c'est moi qui te nuis; c'est moi la cause première et unique de tes maux; c'est moi qui te suis fatale! Sans moi tu serois encore content et paisible aux bords du Lough-Leane, auprès de ta vieille et tendre mère, qui, sans doute, pleure ton éternelle absence!...

D'ailleurs, que penserois-tu d'un amour qui s'éteindroit avec le bonheur de l'objet aimé? Crois-moi, ce n'est point de l'amour profond et véritable celui qui tombe devant le dévouement. Mon amour pour toi, tu le sais, est durable; il est à l'épreuve de l'adversité; ne le repousse pas.

Va, il n'est pas de plaie dont le ciel puisse frapper l'humanité, qui auroit le pouvoir de m'éloigner de toi. Si tu dois être malheureux, si ton existence doit être à toujours dévorée par les chagrins, comme tu le dis, ce que je répugne à croire, ce qui ne peut être, laisse-moi près de toi. La Providence m'a placée là pour essuyer tes larmes, pour te soutenir dans tes abattements, pour alléger le faix de tes maux en les partageant. Garde-moi!... La solitude double le malheur.

Une compagne c'est un vase que Dieu donne à l'homme pour y verser le trop-plein de ses afflictions.

— Seigneur, répétoit Patrick en se heurtant le front, que je suis coupable! Frappe-moi, sois sans miséricorde! Tu m'as fait le don le plus grand et le plus beau que tu puisses faire à l'homme; tu m'as donné un de tes Anges; et je t'accusois, et je te blasphémois! Pardon, pardon, c'est la dernière fois!... Va, que tes saintes volontés s'accomplissent, je m'incline. Désormais tu peux m'accabler, tu me trouveras résigné à toute heure.

— Écoute, Patrick; après tout, j'aurois tort peut-être de m'imposer à toi, de vouloir m'attacher à ta suite. Si je pouvois penser que mon éloignement te rendît le bonheur, je m'éloignerois, non sans douleur, mais sans murmurer. — Écoute, si tu veux tu me laisseras, tu m'oublieras quand tu seras dans la joie et la félicité; mais, seulement, chaque fois que tu seras malheureux, tu reviendras te jeter dans mes bras, dans les bras de ton amie; je te consolerai.

— Mais toute joie, toute félicité ne me peut venir que de toi, généreuse amie!

Puisque tu veux bien t'immoler, demeure, demeure auprès de moi; ne m'abandonne pas; n'écoute pas ce que je te dis; quand je souffre, alors, vois-tu, je suis fou! Je te dis de me quitter, parce que je voudrois mourir; sentant bien que c'est toi seule le chaînon qui me rattache à l'existence; sentant bien qu'il n'est au monde que toi, mon amie, dont mon âme ne soit pas lasse.

— Si, par un mouvement de générosité que je blâme et que je repousse, tu avois pu exiger notre séparation, tu avois pu désunir notre sort, je ne t'aurois demandé qu'une grâce, une seule que j'aurois implorée à deux genoux : la grâce de venir de temps en temps apporter à tes baisers le fruit de notre amour, l'enfant que je porte en mon sein.

— Terre et ciel! mais que dis-tu,... Déborah?...

— Il ne m'est plus permis d'en douter, Patrick, je suis mère!

— Ah! béni soit Dieu, Déborah, béni soit Dieu! qui m'envoie tant d'allégresse; béni soit Dieu, qui me donne un fils!... s'écrioit Patrick, qui venoit soudain de passer des larmes à la plus folle joie. Il arrachoit et déchiroit son sarrau, et le fouloit aux pieds, il se jetoit dans les bras de Debby, il se pendoit à son col, il l'étreignoit, il lui baisoit le front, il lui baisoit les pieds.

— Ah! je ne croyois pas, ma chère Debby, que tant de bonheur me fût réservé. Insensé que j'étois!... car Dieu m'a-t-il jamais fait un refus! N'est-ce pas lui qui m'a donné une amie et des amours; une amie que les hommes ont voulu m'arracher; des amours qu'ils ont traversées et empoisonnées?

Je le vois bien, maintenant, Dieu est la source de toutes voluptés ; le monde, la source de toutes tribulations. Toute la lutte, toute la fatigue est là, vois-tu!

— Défendre et sauver des atteintes des hommes les biens que Dieu nous a donnés.

Oh! ce bien-là, je saurai mieux le défendre, ils ne

me le détruiront pas!... D'ailleurs, le monde n'a que faire entre un père et son fils : nous le cacherons, nous le déroberons à ses regards comme un trésor qu'on enfouit; nous le tiendrons dans l'ombre et à l'abri de tout contact.

Mon Dieu! mon Dieu! que je suis heureux!... et toi, Debby, l'es-tu heureuse?

— Heureuse et fière, Patrick!

— Tu ne comprends pas peut-être, Déborah, toute l'étendue de ma joie? tu me trouves peut-être léger, puéril; mais, vois-tu, mon plus ardent souhait vient de s'accomplir, mon plus beau rêve se réalise; mon vœu, mon désir constant étoit celui d'avoir un fils dans ma jeunesse. Oh! que m'importeroit d'être père sur le tard de l'existence, d'avoir des fils qui ne me connoîtroient qu'ennuyeux et caduc, qui entreroient dans la vie quand je descendrois dans la tombe; à qui je manquerois juste à l'heure où ils auroient besoin de ma sollicitude; des fils que je ne verrois jamais hommes, que je ne pourrois point suivre en leur carrière, que je ne pourrois point soutenir dans l'adversité.

Je ne veux point de fils qui tremblent à ma voix austère, et qui prennent en pitié mes cheveux blancs, et fassent feu éteint devant moi. C'est un ami que je veux, un compagnon de ma vie qui m'aime et me suive en touts lieux; qui soit jeune comme moi, moi fougueux comme lui; qui partage mes jeux, mes travaux, mes illusions, mes peines, mes plaisirs et même mes débauches; enfin qui n'ait rien de secret pour moi en son cœur, et moi rien dans le mien de secret pour lui.

Comprends-tu mon bonheur, maintenant? Vois, quand j'aurai quarante ans il en aura vingt.

Grand merci, mon Dieu! merci! tu me vois satisfait. Voilà de quoi compenser bien des peines.

Il sera beau comme toi, Déborah; il sera beau comme ton âme! Vous jouerez ensemble; ce sera ta poupée; nous jouerons touts les trois, sans nous contrarier jamais.

Et si le Seigneur fait que ce soit une fille, cela te donnera une amie, une compagne; j'en serai joyeux également; nous la nommerons Kentigerne, autrement ce sera Kildare.

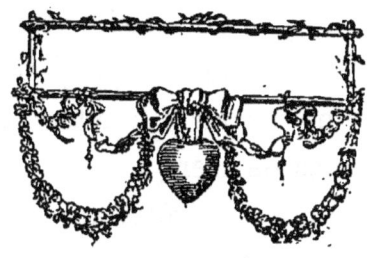

XXXI.

APRÈS le dîner, Patrick dit à Déborah : Te plais-tu en cette ville, mon amie? te plais-tu en ce pays? regrettes-tu l'Irlande?

— Non, mon ami, je ne regrette point l'Irlande, mais je regrette le ciel, l'air, les arbres et les rochers de Cockermouth-Castle; les courses dans les bois, dans les montagnes; les promenades sur le lac de Killarney; les soleils-couchants de la *Tour de l'Est*, et surtout nos nuits dans le parc et sous le *Saule-creux du Torrent*. Je ne regrette que ce que l'on regrette toutes les fois qu'on quitte les campagnes pour les villes; je ne regrette que ce que j'aurois regretté également à Dublin, si pour y habiter j'eusse quitté nos âpres montagnes de Kerry.

Le séjour des villes est rétrécissant; ces boîtes, ces cages où l'on s'étiole emprisonné, compriment et sanglent l'âme comme un corset : notre esprit se borne entre deux planchers et quatre murailles; notre regard, qui ne peut percer au-delà, se brise et se rabat sur nous-mêmes; nous prenons l'habitude de nous complaire en nous, de nous satisfaire de nous,

nous nous amoindrissons, nous nous raccornissons. La vue continuelle des ouvrages des hommes nous rend mesquin et bourgeois comme eux : nous oublions les grands spectacles de la nature, nous oublions l'univers, nous oublions l'humanité, nous oublions tout, hormis nous, et quelques goûts à satisfaire : toute la création n'est plus représentée pour nous que par quelques meubles, quelques chaises, quelques tables, quelques lits, quelques morceaux de toile ou de soie, dont nous nous amourachons, auxquels nous nous attachons comme l'huître au rocher, sur lesquels nous végétons et rampons comme un lichen.

Mon ami, demande-moi si je me plais avec toi, et je te répondrai oui, partout, en touts lieux; mais jamais, je le sens bien maintenant, ni le séjour de cette ville, ni d'aucune autre, ne saura me plaire.

— Ainsi, Déborah, s'il falloit que tu quittasses Paris, tu le ferois sans peines?

— Partant avec toi, je le ferois volontiers, je le ferois joyeuse même, car mon corps languit ici dans l'inertie, et mon âme dans le trouble. D'ailleurs, quoi veux-tu qui m'attache à cette terre? elle m'est aussi étrangère que les steppes de l'Ukraine; je lui suis aussi étrangère qu'un Indien : elle ne porte ni la tombe de mes ayeux, ni le berceau de mes enfants; elle ne me garde pas un seul souvenir.

— Que je suis content, chère amie de te trouver en cette bonne disposition : car, vois-tu, je ne suis plus en sûreté ici; il faut que nous quittions Paris en toute hâte; comme nous nous sommes enfuis d'Irlande, il faut que nous nous enfuyions encore de France.

— S'il en est ainsi, partons, partons, sauvons-nous ! J'accepte cette fuite avec joie. Partons, laissons cette terre inhospitalière; je suis prête, Patrick; mais dis-moi, quel danger nous environne, quel péril nous menace, qui nous proscrit ?...

— Aujourd'hui, à midi, tu sais, quand j'accourus couvert de ce sarrau de toile me jeter à tes pieds, je venois d'être expulsé ignominieusement des Mousquetaires; et la nuit dernière, cette nuit même, madame Putiphar m'a chassé de Trianon.

Depuis quelque temps, M. de Gave de Villepastour étoit changé pour moi : même avant l'arrivée de la lettre de Fitz-Harris j'avois remarqué cette altération. Tantôt il m'accabloit de caresses, tantôt il me parloit et me traitoit brutalement. Puis, il avoit fini par n'être plus que dur et cruel, et par me poursuivre impitoyablement de sa haine, que je ne sais pas avoir méritée. Il sembloit éprouver une secrète joie à me faire souffrir; il sembloit goûter une vengeance. Et de quoi se vengeoit-il sur moi? l'avois-je jamais blessé, cet homme? Aussi saisit-il avec empressement et colère l'occasion si belle qui vint s'offrir à lui de me persécuter. Il y a un mois il auroit mis autant de soins à étouffer ces accusations qui couroient contre moi, qu'il a mis d'acharnement à les proclamer, à me faire un esclandre ignominieux, à me couvrir d'infamie; mais ce n'est pas là tout encore, mais ce n'est pas là le plus affreux.

En implorant la grâce de Fitz-Harris j'avois eu, chose flatteuse et fort honorable, le don de plaire à madame Putiphar; en un mot, j'avois fait son avantageuse conquête. D'abord je m'étois refusé à croire à tant de succès malgré ses manifestations non équivoques; mais cette nuit mes doutes scrupuleux se sont envolés à tire d'aile pour faire place à la plus solide conviction.

Mon rendez-vous d'hier au soir n'étoit rien moins qu'une partie fine, un souper fin, un bec-à-bec, un duel d'amour. Tout étoit parfaitement combiné pour ma séduction : rien ne manquoit au guet-apens. Je ne sais vraiment comment ma vertu a pu s'échapper saine et sauve à travers tant de pièges, de filets, de traquenards, de collets, de miroirs, de pipeaux, de nasses et de gluaux. Je surmontai tout, je résistai à tout : ma résistance négative l'enflamma : elle voulut me forcer comme on force une fille d'honneur. Peine vaine! je demeurai inexpugnable. Dépitée, ses chaudes amours se métamorphosèrent en colère, en rage, en fureur; elle sonna et fit monter quatre laquais pour me jeter à la porte; mais, grâce à mon épée, j'ai fait une sortie plus triomphante.

Je le sens bien, mais la droiture de mon cœur ne m'a pas laissé libre de ma conduite, j'ai fait à madame Putiphar un de ces affronts que les femmes ne pardonnent jamais : à plus forte raison elle, si haineuse, si rancunière, si vindicative, si inhumaine. Non-seulement je lui ai fait un affront, mais je l'ai bravée dans sa colère; je l'ai narguée; je lui ai rendu sarcasme pour sarcasme. Sans nul doute ma perte est jurée maintenant; je suis un homme détruit, je suis sous le poids de son ressentiment, et son ressentiment est toujours terrible. Cette femme a tout pouvoir en main, tout se ploie à sa parole; elle n'a qu'à daigner faire un signe, et sa volonté est faite; elle n'a qu'à dire, cet homme me gêne, et cet homme disparoît du monde ou de la scène du monde.

Ce qu'il y a de plus fatal pour moi, c'est qu'elle connoît le jugement de mes juges d'Irlande et ma condamnation. Dans son emportement, elle m'a poursuivi du mot de contumax, et m'a rappelé le gibet de Tralée.

Comment cela est-il déjà parvenu à ses oreilles? Il faut qu'elle ait une police bien active, des espions bien aux écoutes, ou plutôt qu'elle en ait été informée par M. de Villepastour : plusieurs choses qui lui échappèrent dans la conversation me porteroient à le croire avec assez de fondement. Elle avoit des projets sur moi; elle sera allée aux renseignements, comme on fait lorsqu'on veut mettre un garçon en ménage.

Grâce à cette circonstance, elle pourra, ce n'est pas qu'elle y tienne, masquer sa vengeance d'un masque honnête; elle pourra sévir contre moi avec plus d'effronterie, sinon avec plus de rigueur.

Tu pleures, Déborah!... N'aie pas peur, mon amie, ne t'effraie point : je ne cherche pas à nous dissimuler le péril où nous sommes; mais quelque proche et quelque imminent qu'il soit, il n'y a pas lieu à désespérer. Devançons le mal qu'assurément on nous prépare dans l'ombre. Sans retard quittons cette ville, fuyons : fuyons! c'est là notre seule ressource, mais elle est infaillible. Il est facile encore de nous soustraire; il ne faut pour cela qu'une prompte détermination et du courage; nous avons l'un et l'autre. Ne pleure pas, ne t'affecte pas, ma bien-aimée; prends confiance en Dieu, qui nous envoie cette tribulation; sa bonté est un océan, n'ayons pas le ridicule de vouloir la sonder avec notre courte intelligence. A qui a-t-il été donné jamais de comprendre ses desseins? Qui sait si le malheur n'est pas un bienfait caché? Qui sait si le pire n'est pas le précurseur du mal, si le mal n'est pas le précurseur du bien, si le bien n'est pas le précurseur du mieux?

— Je te remercie, Patrick, des soins que tu apportes à me consoler, lorsque toi-même as l'esprit plein de désolation. Je te sais gré des efforts que tu as faits tout-à-l'heure pour prendre légèrement, indifféremment, une douloureuse et funeste aventure; tes souffrances ont transpiré à travers ton faux enjouement, et ton sourire contraint m'a fait mal à voir comme un spasme.

Tu ne veux pas que je pleure, Patrick, tu veux, cela est-il possible? que je demeure froide aux maux qui t'accablent, et dont je suis la source, car c'est encore de moi que te viennent tes nouvelles infortunes.

— Toi, Debby, la cause de mes infortunes! quelle folie!...

— Oui, sans moi, sans l'amour que tu crois me

devoir, tu te serois laissé aller à la passion que ta beauté, que tes grâces, que ton bien-dire avoient fait naître si violemment en cette femme; au lieu d'être aujourd'hui poursuivi de sa haine, tu serois son jeune favori; tu goûterois à toutes les voluptés, à touts les plaisirs raffinés d'une Cour somptueuse; tu serois le plus honoré et le plus caressé de Versailles; à tes pieds bourdonneroit la troupe flatteuse des courtisans qui viendroient becqueter dans tes mains les faveurs de ta maîtresse. Gloire, fortune, titres, joies, tu aurois tout acquis, tout conquis : ton avenir seroit fait, ton avenir seroit beau ! C'est moi qui t'ai détruit tout cela! c'est encore pour moi que tu es immolé!...

— Vous venez, Debby, de me supposer deux sentiments, l'un me rend glorieux et l'autre me fâche tout-à-fait. Il est vrai que pour vous, comme vous m'avez fait l'honneur de le pressentir, je repousserois la femme la plus belle du monde, la plus riche, la plus puissante, l'intrigue la plus *avantageuse* et qui me feroit le sort le plus brillant; mais il n'est pas vrai, pardonnez-moi cette dureté, que sans vous je me fusse laissé aller à cette Putiphar, que je lui eusse vendu ma jeunesse pour la distraction de ses remords, mes baisers au poids, au marc d'argent, et ma pauvreté, dont je suis fier, pour une opulente infamie. Je ne nie pas que vous ayez développé le bon de mon cœur, que votre amour exquis ne l'ait ennobli; mais j'ai la présomption de penser qu'il y avoit en moi assez de noblesse native pour que, sans vous, sans votre influence, je n'eusse pas été vil et méprisable.

— Vous êtes acerbe avec moi, Patrick.... Veuillez croire que je sais vous estimer; je ne suis point assez impertinente pour me supposer l'auteur de votre délicatesse et présumer que sans vos rapports avec moi vous eussiez été un malhonnête homme; mais, sans fatuité, il m'étoit bien permis de penser que, livré à vous-même, sans liens, sans serments, sans dilection emplissant votre cœur, placé dans la fatale alternative où vous vous êtes trouvé, vous auriez pu préférer manquer à l'exigence de vos vertueux principes et forcer votre répugnance plutôt que de faire un affront sanglant à cette Frédégonde, dont la haine n'est pas d'un assouvissement facile. Eussiez-vous donc été si coupable de préférer des débauches aimables, du faste, des honneurs, à des persécutions cruelles? jeune comme vous l'êtes, de préférer la Cour à un cachot! la vie à la mort, peut-être!

Quoi que ta bonté puisse me dire, elle ne pourra m'ôter la conviction que c'est moi la source unique et funestement féconde de touts tes maux : si tu viens d'être expulsé ignominieusement des Mousquetaires, n'accuse que moi, c'est encore moi la cause de cet atroce supplice; ce n'est point une folie! écoute : Il est une chose que, jusques ici, j'avois cru devoir te taire pour ne point détruire la paix de ton âme, pour ne point te mettre de trouble en l'esprit et de colère au cœur; tu me pardonneras ce silence, qu'il étoit de mon devoir de garder comme il l'est aujourd'hui de le rompre.

Tu ne savois à quoi attribuer le changement survenu tout-à-coup chez M. de Villepastour, son empressement à s'emparer de la lettre de Fitz-Harris, son acharnement à te trouver coupable, à te condamner à la dégradation, à te chasser de sa Compagnie? tu ne savois comment t'expliquer son inhumanité envers toi, qui, si long-temps, avois été l'objet de sa prédilection et de sa protection? tu ne savois d'où pouvoit venir la joie qu'il sembloit goûter à te punir et l'esprit de vengeance qui sembloit l'animer contre toi? Eh bien, Patrick, tout cela venoit de moi seule!... Où, comment et pourquoi, je ne sais; depuis quelque temps il s'étoit épris de désirs et de passion brutale pour ma personne et il me poursuivoit sans cesse de ses honteuses propositions....

— Grand Dieu! que dis-tu? lui, aussi, infâme!... Grand Dieu, n'as-tu donc plus de colère!...

— Ici même, là, sur ce sopha, il m'a livré plusieurs fois d'impudents assauts, il m'a violenté; mais, grâce à Dieu, grâce à mon courage, je l'ai vaincu, je l'ai chassé plein de dépit et de ressentiment, et c'est sur toi qu'il a passé sa rage, et c'est sur toi qu'il s'est vengé!

— Le lâche!...

— Maintenant, tu dois comprendre ces cris d'étonnement que je jetai lorsque tu me conduisis à lui; tu dois comprendre mon emportement et mes invectives contre ce monstre de luxure qui se posoit en juge austère et qui faisoit avec toi de la religion et de la majesté.

Maintenant, tu dois comprendre l'empressement

que j'ai mis à accepter ton projet de départ : pouvois-je accueillir indifféremment un moyen si opportun de mettre fin à une intrigue qui commençoit à m'effrayer, qui m'enveloppoit, qui se jouoit de ma résistance et de moi; lutte pénible dans laquelle je pouvois succomber, dans laquelle j'avois tout à perdre, soit que par générosité je te la tinsse secrète, soit que je t'appelasse à mon secours. Ton esprit honnête ne peut se faire une idée de cet homme, d'autant plus redoutable qu'il est têtu; c'est un de ces déterminés pour lesquels il n'est rien de sacré que leurs désirs, et que ni prières, ni pleurs, ni pitié, ni foiblesse, ni justice, ni honneur, ne sauroient toucher et arrêter.

Oui ! oui ! Patrick, partons, partons en toute hâte ! tu as bien résolu; ne demeurons pas plus longtemps en cette Babylone, en cette Capoue; nous nous sommes fourvoyés, nous n'avons que faire ici. — Il faut hurler avec les loups, qui bêle parmi eux sera leur proie !

— Ne crains pas, chère Déborah, que ma détermination s'ébranle; aujourd'hui que je sais que nos ennemis nous sont communs et peuvent se liguer pour mieux nous perdre; aujourd'hui que je te sais mère et que ma tutelle a doublé, aujourd'hui que nous ne nous devons plus à touts les deux seulement, mais au fils que Dieu nous envoie.

Partons, allons chercher au loin une terre moins dissolue, où, si les hommes n'y sont pas meilleurs, au moins y sont-ils moins puissants; une terre où nous n'aurons point à rencontrer d'hommes de notre patrie, de Fitz-Harris, qui viendroient divulguer mon infortune, m'appeler contumax et me reprocher mon gibet de Tralée; où nos enfants n'auront jamais à rougir de leur père et ne seront point flétris de sa flétrissure. Vois-tu même, pour leur faire perdre toute trace de leur origine, nous changerons de noms et nous les tromperons sur le pays de leurs ayeux.

Pour accomplir de pareils desseins il faut une force, une volonté, un courage rare : mais Dieu nous l'a donné ce courage.

Ceux qui en ont eu assez pour s'arracher du toit où ils étoient nés, pour s'arracher aux bras de leur mère, aux rives du lac de Killarney, aux solitudes de Kerry, en auront encore assez pour renoncer au monde, pour divorcer avec tout ce qu'ils avoient connu jusque là, pour renoncer à ce qu'ils ont été et à ce qu'ils pourroient être, pour aller demander une part de soleil, de terre et de fraternité à une de ces peuplades ignorées que la société d'ici appelle sauvages.

Nous puiserons alors en nous-mêmes et dans la nature sublime qui nous entourera des joies et des consolations qui compenseront touts nos sacrifices, qui compenseront toutes nos renonciations, et nous ne demanderons plus à la société des plaisirs faux pour nous étourdir sur les maux qu'elle fait.

La haine est vigilante; sans délai mettons à exécution notre départ. Il faut, Déborah, que demain ne nous trouve plus ici.

— Ordonne, mon ami, je suis prête à te suivre en touts lieux.

— Avant qu'il soit plus tard, huit heures viennent de sonner à l'Abbaye, je vais courir aux Messageries; je retiendrai n'importe quelles places, dans n'importe quel carrosse, pourvu qu'il parte au point du jour, et se dirige vers le midi. Nous nous rendrons à Marseille, ou à Gênes, ou à Livourne; et là nous nous embarquerons pour le lieu de l'univers que nous aurons choisi.

— Va, mon Patrick, et reviens promptement. Montre-toi le moins possible; couvre-toi de ton manteau. — Pendant ce temps, pour distraire mon inquiétude, je préparerai toutes nos valises, que nous clorrons à ton retour. Va, veille bien sur toi, et que Dieu t'accompagne.

— Un baiser, Debby?

— Non, cela donne à la plus brève séparation l'air d'une longue absence. Sois prompt, et tu l'auras au retour.

— Ta main au moins, mon amie?

— Non, tout au retour.

— Partir! sans avoir baisé ce front qui pense à moi, ces mains qui me caressent, Debby; oh non! tu ne le voudrois pas! Cela me porteroit malheur. — On dit que le fer n'entre pas où se sont posées les lèvres d'une amante.

— Oh! alors, que je t'embrasse partout, Patrick, laisse-moi, que je te rende invulnérable! Laisse-moi que je te baise sur la place du cœur.

— Déborah s'étoit jetée au col de Patrick; elle l'étreignoit avec passion; elle écartoit, elle ouvroit ses vêtements, et promenoit sa bouche accolée sur sa poitrine.

— Va, pars, maintenant, je suis sans crainte; je t'ai couvert de talismans.

A peine Patrick venoit-il de sortir, à peine la porte de l'hôtel s'étoit-elle refermée sur lui, qu'un bruit confus et des cris répétés au secours ! à l'assassin ! frappèrent l'oreille de Déborah.

Elle ouvrit précipitamment la fenêtre, et elle reconnut la voix de Patrick et des cliquetis d'épées.

Mais dans la profondeur de la rue obscure elle ne distinguait rien.

Une idée soudaine jaillit en son esprit : elle arracha un rideau, l'embrasa au flambeau, et le jeta par la croisée ; sa chute l'enflamma encore ; il éclairoit horriblement le lieu de la scène.

Elle apperçut quatre hommes acharnés sur Patrick, quatre fers étincelants dirigés sur sa poitrine ; il se défendoit comme un lion.

Déborah à ce spectacle poussa un cri déchirant, et appela Patrick.

— Adieu, Debby, adieu !... Je suis perdu, lui répondit-il !... Adieu pour la vie ! Debby, songe que tu es mère !...

— Oui ! d'un fils qui te vengera !

Courage, tiens bon ; frappe, frappe ! je vole à toi, je descends !...

A ce moment Patrick recevoit un coup d'épée dans les reins, et tomboit la face sur le pavé.

Tout cela se passa avec la rapidité de l'éclair.

Quand Déborah sortit à la tête des gents de l'hôtel, le rideau, brûlant encore, jetoit une foible lueur; la rue étoit silencieuse : personne!...

Seulement, dans l'éloignement, un carrosse fendoit l'air.

Elle voulut s'élancer à sa poursuite : mais l'effroi l'avoit brisée, elle tomba évanouie.

Dans sa chute elle heurta et fit sonner un fer; c'étoit une épée ensanglantée : celle de Patrick.

On ramassa l'une et l'autre.

LIVRE TROISIÈME.

XXXII.

Revenue de son évanouissement, Déborah avoit été transportée en son appartement.

Elle exigea qu'on la laissât seule, pour trancher court à ces insipides consolations, que peuvent prodiguer des personnes étrangères, consolations aussi banales que les salutations consacrées par la politesse; et elle refusa, malgré toutes sollicitations, les soins d'une garde, pour éloigner d'elle un témoin auquel il auroit fallu qu'elle donnât sa douleur en spectacle, si sa présence ne l'avoit comprimée péniblement.

Elle passa toute la nuit dans un trouble voisin de la folie, accusant de ses malheurs le monde, la Providence, le Destin; leur adressant tour à tour d'amers reproches, les maudissant; et quand elle avoit bien promené sa colère du Ciel à la terre, des hommes à Dieu, elle la tournoit contre elle-même, et faisoit retomber un à un sur sa tête les blasphêmes qu'elle avoit proférés. Elle regrettoit d'avoir reçu l'existence, d'être entrée dans la vie; elle invoquoit la mort. Par un mouvement naturel dans le désespoir, elle se heurtoit le front comme pour le briser, et en laisser échapper les pensées horribles qui s'y entrechoquoient, et elle se frappoit la poitrine comme un prisonnier frappe le mur de son cachot, pour la briser et ouvrir un passage à son âme captive, révoltée contre le corps qui la forçoit à la vie.

Une fois même, dans un paroxysme de délire, elle ouvrit une fenêtre pour s'y précipiter; mais un tressaillement dans ses entrailles lui ayant rappelé subitement qu'elle étoit mère, elle avoit ressenti une profonde horreur de son action, et étoit revenue se jeter sur son lit trempé de larmes.

Toutefois elle se disoit : — Mon fils me saura-t-il gré dans l'avenir du sacrifice que je lui fais aujourd'hui. Après tout, est-ce un don si désirable que l'existence? ne me maudira-t-il pas de lui avoir donné ce jour qu'il ne m'a pas demandé, et pourtant qu'il seroit un crime de lui ravir? et ne me dira-t-il pas, comme je dirois à ma pauvre mère, pourquoi plutôt ne m'avez-vous pas étouffée dans votre sein?

Sur le matin, accablée de lassitude, elle étoit dans un léger assoupissement, quand le bruit de sa sonnette agitée avec force vint l'arracher à ce repos. Craignant que ce ne fût quelque importun personnage; d'ailleurs, étant dans un désordre et dans une absorption d'idées à ne pouvoir faire même le moins faux accueil, elle hésita à ouvrir; mais la pensée, tout absurde qu'elle lui sembloit, que ce pourroit être Patrick sauvé de la mort, lui fit surmonter cette répugnance, et lui donna assez de force pour se traîner jusques à la porte.

Son étonnement fut grand de trouver là Fitz-Harris.

— Quoi! c'est vous, misérable! lui cria-t-elle. Venez-vous chercher encore une victime? Vous n'entrerez pas!...

Elle voulut alors refermer la porte; mais Fitz-Harris plaça son corps dans l'ouverture et l'en empêcha.

— Madame, par pitié ne me chassez pas ainsi!... je suis condamné à quitter la France, je pars; mais avant je viens dire à Patrick, mon vieil et véritable ami, un adieu, peut-être éternel! je viens, le cœur plein de honte, de remords et de reconnoissance, lui embrasser au moins les pieds, lui demander une dernière fois pardon de tout le mal que je lui ai fait, et le remercier de tout le bien qu'il m'a fait en échange. Je lui dois la vie!

— Et lui vous doit la mort!... Fourbe, c'est cela, outragez-moi dans ma douleur! Tournez à plaisir le fer dans ma plaie!... Quel raffinement de barbarie! venir à l'épouse demander à saluer son époux qu'on a tué : car assurément vous en étiez, vous, digne ami, de ceux qui l'ont égorgé?

— Patrick assassiné !... que dites-vous ?... O mon Dieu !...

— Lâche, tu joues bien la surprise; tu ne le savois pas, n'est-ce pas, misérable hypocrite, que tu l'as tué, toi ou les tiens, hier, sous mes fenêtres ! — Mais tu vas bien toi, tu n'as pas de blessures; ce n'est donc pas dans ton sang qu'il a teint son épée que voici? Ah! pourquoi plutôt ne te perça-t-elle pas au travers de ton cœur perfide!

Fitz-Harris, dès ces premiers mots qui lui confirmoient la mort de Patrick, avoit ressenti une violente commotion; ses jambes avoient fléchi sous lui, et presque en défaillance il étoit tombé à genoux.

La tête abattue sur sa poitrine, il demeura quelque temps silencieux; puis, la relevant et fixant sur Déborah un regard attendri, il lui dit avec un léger accent de reproche : — Je sais que j'ai été très-coupable envers votre époux, madame; que j'ai été mauvais ami, mauvais frère; que j'ai appelé sur lui la dérision et le malheur. Il est vrai que je l'ai trahi, lui si bon et si loyal. — Ma perfidie m'a fait connoître l'étendue de sa générosité! Oh! si du mal que je lui ai fait vous saviez quel remords va sans cesse me déchirant !... Je sens que je porte avec moi un regret qui empoisonne ma vie dans sa source et qui sans doute avant peu la tarira ! — Il est vrai que, poussé par mon instinct envieux, j'ai été traître, bassement traître; mais est-ce une raison, madame, pour me charger de son meurtre ? Du méchant à l'assassin n'y a-t-il pas quelques degrés ?...

Moi, ton meurtrier, Patrick! horreur!... Oh! le ciel m'est témoin que je n'avois autre désir que de racheter ma conduite passée envers toi, que d'expier ma trahison par toute ma vie!

Pauvre ami, je ne te reverrai donc plus! Quoi! je t'ai perdu sans que tu m'aies accordé un solemnel pardon! Mais du haut du Ciel, comme de la terre, tu peux me pardonner, et je t'implorerai si bien que tu m'exauceras!...

Il y a de ces cris du cœur, de ces accents de vérité auxquels on ne peut être trompé, parce qu'ils ne sauroient être contrefaits : aussi, Déborah sentit-elle à ces paroles prononcées avec effusion qu'elle étoit allée trop loin dans sa colère contre Fitz-Harris, et lui dit-elle avec plus de modération : — J'en conviens, monsieur, j'ai mis sans doute trop de véhémence dans mes suppositions; mais vos actions antérieures n'y avoient-elles pas donné lieu, et ne les justifient-elles pas? L'assassin n'est pas celui-là seul qui se sert d'un poignard ou qui frappe le coup; et dans l'horrible catastrophe qui vient de me ravir mon époux, votre noirceur à son égard n'a certainement pas été sans influence.

Fitz-Harris fit alors quelques questions sur la mort de Patrick; mais Déborah n'y répondit point.

— Pourquoi faut-il, madame, que je sois proscrit à cette heure, et que je ne puisse, dans cette pénible circonstance où vous restez tout à fait isolée sur une terre étrangère, peut-être même environnée d'ennemis, vous offrir ce que tout homme peut et doit offrir à une femme : appui et défense! Cependant, dans ma disgrâce, si vous aviez le désir de quitter la France, je pourrois, ce me semble, vous rendre quelques services ; je serois heureux et glorieux que vous daignassiez les accepter.

Je retourne en Irlande; votre intention seroit-elle d'y retourner aussi? Je pourrois vous accompagner durant le voyage, et vous épargner touts les soins matériels, et surtout toutes les positions désagréables où se trouve quelquefois en pareil cas une jeune et belle personne comme vous.

Souhaiteriez-vous de vous retirer ailleurs ? Pour vous je renoncerois avec joie à revoir ma patrie; je vous suivrois n'importe en quel lieu pour vous plaire; je m'attacherois à vos pas, à votre destinée!... Tout mon orgueil et toute ma félicité seroient d'être votre esclave humble et obéissant!...

Disposez de moi, je me livre à vous en expiation.

— Je l'avoue, il me seroit doux, abandonnée, esseulée comme je le suis, d'avoir un ami qui m'aideroit à me retirer de l'abyme où me voici plongée; j'avoue que cet ami me seroit bien agréable, ayant le projet de me rendre à Genève pour soustraire à la rage des ennemis de Patrick, qui sont les miens, moi et l'enfant que je porte. Dieu veuille que ce soit un fils, et qu'il soit le vengeur de son père! Mais je ne puis rien accepter de vous, que j'abhorre. Toute relation avec vous seroit criminelle.

Portez ailleurs votre perfidie. Je vous défens formellement, en quel temps et en quel lieu que ce puisse être, de vous représenter devant moi, et de me souiller de votre voix et de votre regard.

— Au nom de Dieu, madame, soyez plus humaine ! Jetez un voile épais sur mon passé, dont je gémirai secrètement toute ma vie ! Acceptez sans scrupule mon dévouement ; ne m'ôtez pas ce seul moyen en mon pouvoir de réparer mes torts si grands envers vous.

— J'ai dit ; je n'en ferai rien ; ne vous obstinez point ; partez, vous avez toute mon exécration !

— O mylady, que vous êtes loin d'avoir la générosité de votre époux !

— Je ne pardonne jamais.

— Au nom du ciel, mylady, pardonnez-moi. Pardonnez une faute dont je suis repentant ! Ne me laissez pas partir chargé de votre ressentiment. Grâce ! grâce !

— Non, jamais !... Si j'étois homme, je vous frapperois de cet épée ; je suis femme, je n'ai que les armes des vieillards ; je vous maudis !... Sortez !... Abomination sur vous !

— Mêler aux remords qui me rongent, mylady, votre malédiction, c'est me tuer !... Vous répondrez de ma vie devant Dieu.

XXXIII.

Après l'expulsion de Patrick, M. le marquis de Gave de Villepastour vint trouver madame Putiphar.

— Bonjour donc, adorable marquis, lui dit-elle agréablement en lui tendant à baiser une main si chargée de bagues qu'elle sembloit un écrin.

— Je vois avec plaisir, madame, que je ne suis point encore tombé en votre disgrâce : vous faites si lestement toilette neuve de sentiments qu'avec vous on est toujours dans l'anxiété de savoir si l'on est dessus ou dessous le pavois.

Ce pauvre Patrick a fait promptement une rude cascade de votre tendresse à votre haine. Savez-vous que vous n'avez pas été longue à vous en désenamourer. Que peut donc vous avoir fait ce brave garçon?

— Marquis, foi de Reine, il m'a manqué de respect.

— Fi, le vilain!... Jusques où, madame?...

— Jusques à la ceinture.

— Ah! l'éhonté.... Vous avez fort bien fait, madame, de châtier ce libidineux : c'est une carie pour la Cour et la ville que ces gents contagieux. Il est temps, ou le monde va tomber en dissolution, de mettre un frein aux mœurs équivoques, et de les arrêter dans leur débordement. Avant peu, madame, si tout marche des mêmes erres, on n'osera plus, par n'importe quelle anse, toucher à une femme, croquer des pastilles, ouvrir un livre, s'asseoir dans un fauteuil; et, pour n'être pas violé, il faudra s'enfermer dans une cuirasse. Dernièrement dans un prône, voyez jusques où s'étend la perversité de notre âge de fer,...

— Marquis, dites plutôt de vif-argent.

— .... un frère prêcheur crioit : — C'est par pur libertinage que les enfants d'aujourd'hui vont en nourrice.

— Qu'y faire ? Ce sont nos philosophes qui perdent tout.

— Surtout nos philosophes économistes.

— Il faut se donner de garde en échenillant un arbre d'en faire choir les fleurs : en secouant les préjugés, ils ont secoué la vertu.

— Ils ont tout secoué, madame.

Ma visite, noble Reine, je ne veux point biaiser, n'est pas tout à fait désintéressée : je vous ai aidée avec dévouement à venger les mœurs, je viens vous prier de daigner m'aider à les venger à mon tour.

— Que voulez-vous ?

— Une lettre de cachet.

— Pour qui ?

— Pour une femme.

— Sans doute, l'amante de notre sauvage? Vous auroit-elle aussi manqué de respect, marquis?

— Justement.

— Jusques où, marquis?

— Jusques où vous voudrez, madame.

— Et vous voulez faire claquemurer cette bégueule, sot que vous êtes, maintenant qu'elle est libre? Qui vous gêne? Un homme ne peut-il pas toujours vaincre une femme? Du cœur, marquis, et vous en viendrez à honneur.

— Merci, madame; qu'un plus habile marin débouque ce pertuis; pour moi j'en ai donné ma part aux chiens, j'y renonce.

— Mais c'est donc une forteresse?

— Oui, madame, et sans pont-levis. C'est une impénétrable forêt de préjugés et de vertus provinciales à égarer et à lasser la plus rude meute de chasse.

— Ah! la belle fait ainsi l'inviolable.... Nous la formerons, marquis.

Dites-moi, est-elle vraiment belle?

— Très-belle, madame, pleine de grâce et d'esprit. Tenez, voici son portrait, qui a été trouvé à la caserne dans la chambre de Patrick.

Elle a surtout cette hypocrisie angloise qui a tant d'attraits pour nous autres François blasés du dévergondage de nos femmes.

— Si cette miniature ne ment pas, c'est tout de bon une charmante enfant. Marquis, je me charge de votre vengeance, et j'y ajoute la mienne : car je ne suis pas pour elle sans quelque rancune. Laissez-moi faire, et vous serez bien vengé.

— Madame, je vous baise les mains, et me repose sur vous : vous êtes experte en cette matière : ma cause ne sauroit avoir meilleur défenseur; mais seroit-ce une indiscrétion de vous demander quel châtiment vous réservez à la coupable?

— Oh! ceci, mon beau, est un secret.

— Un secret, bellissime, entre vous et moi?

— Que vous importe? vos mœurs seront vengées!

— Ma présomption m'avoit poussé à me croire plus près de votre confiance; madame, ne vous complaisez pas à vous faire des demi-amis : les demi-amitiés, c'est ce qu'il y a de plus funeste au monde.

— Tout doux, marquis, ne vous blessez pas; vous savez que nous vous aimons, on vous dira tout, vilain curieux!

Mes ennemis, et ils sont nombreux, outrés de la faveur et de l'empire que, malgré la perte de son amour, j'ai conservés chez Pharaon, chaque jour font de nouveaux efforts et de nouvelles trames pour me perdre auprès de lui. Depuis un mois surtout ils se sont acharnés de plus belle, et ont imaginé, c'est la vingtième fois peut-être, pour le détacher de moi, de lui ménager des rapports avec une certaine jolie intrigante. J'en ai d'abord pris de l'alarme, mais aujourd'hui j'ai presque l'assurance qu'elle ne me supplantera pas : Pharaon m'en a mal parlé; il la trouve sans esprit; elle l'ennuie. Pour l'en dégoûter parfaitement, la moindre nouveauté suffiroit; mais nous sommes dans la disette; au Parc il n'y a que deux ou trois petites filles que l'on élève à la brochette, mais rien de mur à cueillir. Ne vous semble-t-il pas. . . .

. . . .

. . . .

. . . .

— Oh! la délicieuse idée! Oh! la divine inspiration, madame!

— Vous ne pensez pas que cette fille puisse être ou puisse devenir dangereuse pour moi? Ce n'est pas une personne habile, dissimulée, ambitieuse?

— Soyez tranquille, madame, c'est une enfant ignorante de tout; d'ailleurs, pauvre, étrangère, abandonnée, que voulez-vous qu'elle fasse? Je redouterois plutôt son sot orgueil.

— Que ceci ne vous inquiète point : c'est l'affaire de *La Madame*, elle la dressera. Allez, beau merveilleux, on en a dompté de plus rebelle.

Madame Putiphar sonna, et fit alors appeler le valet de chambre Lebel, intendant secret des plaisirs honteux et royaux, et lui dit : Nous avons enfin trouvé chaussure à notre pied! Vous ferez dès aujourd'hui même prendre....

Marquis, la demeure?

— Hôtel Saint-Papoul, rue de Verneuil.

— Une jeune personne, Irlandoise ou Angloise.... Son nom, marquis?

— Elle se nomme Déborah de Cockermouth-Castle : mais, là, elle doit être appelée simplement lady Patrick Fitz-Whyte.

— Vous entendez bien ceci, mon cher Lebel; allez, et ne laissez pas échapper cette proie : vous m'en répondez sur la vie.

— Madame, nos ordres seront ponctuellement exécutés.

— Eh bien, marquis, êtes-vous satisfait?

— Madame, je suis aux Anges! et ne sais comment vous exprimer ma gratitude. Permettez que j'embrasse vos pieds!...

— Non : donnez votre bouche discrète, que je la baise; et pour l'amour qui depuis si longtemps vous brûle, venez ce soir souper avec moi.

— Oh! J'en mourrai, madame!...

— Non, marquis, vous n'en mourrez pas.

XXXIV.

AYANT définitivement arrêté son projet de se retirer à Genève, Déborah se rendit à l'abbaye Saint-Germain-des-Prés, son église de prédilection, pour prier Dieu de bénir son dessein ou de lui en inspirer un autre si celui-là ne lui pouvoit être agréable.

A l'entrée du chœur, agenouillée, prosternée jusques à terre, le front appuyé sur ses doigts entrelacés, elle pleuroit, et le pavé devant elle étoit mouillé de ses larmes.

Quatre hommes à mine sinistre rôdoient à l'entour, et de temps à autre chuchotoient entre eux. Celui qui sembloit le capitaine promenoit sans cesse ses regards de lady Déborah à une miniature qu'il tenoit à la main, comme s'il eût été occupé à faire une confrontation.

Une querelle s'étant élevée entre eux, le bruit de leur voix arracha Déborah à son abstraction; elle se releva, jeta les yeux de leur côté et les détourna aussitôt avec un mouvement de surprise et d'effroi.

A peine s'étoit-elle prosternée de nouveau contre les dalles, afin de cacher son trouble, qu'un des hommes s'approcha doucement et lui jeta dessus un vaste manteau. Ils la roulèrent dedans, l'enveloppèrent comme on fait d'un cadavre, et l'emportèrent sur leurs bras malgré ses cris et ses sanglots étouffés.

Au-portail, ils la jetèrent dans un carrosse qui les attendoit, et les chevaux partirent au galop.

Ensevelie ainsi, Déborah seroit morte; ils la désenveloppèrent aussitôt, et lui mirent seulement un bandeau sur les yeux.

Quand ses esprits lui furent revenus, elle demanda en quels lieux on la conduisoit; les hommes ne lui répondirent point, et durant toute la route ils ne proférèrent pas une parole.

Après avoir fait mille détours et mille circuits, sur la fin du jour le carrosse s'arrêta; une porte et la portière s'ouvrirent; on invita Déborah à descendre, en la guidant par la main, mais elle s'y refusa en disant : Je ne bougerai pas que je ne sache où vous m'entraînez. — On l'emporta de force jusque dans un vestibule; là, entendant un lourd guichet se refermer derrière elle, épouvantée, elle poussa un cri déchirant, et tomba défaillante sur les genoux.

— Au nom de Dieu, répétoit-elle, joignant ses deux belles mains, ayez pitié de moi, ne me tuez pas sans m'entendre! car je sais bien que je suis destinée à la mort, car je sais bien qu'elle est suspendue sur ma tête; j'ai senti le vent de la hache. De grâce, ayez pitié de moi! Ce n'est pas que je redoute le trépas, ce n'est pas que je tienne à la vie maintenant qu'on m'a tué mon époux! Ce n'est pas que je sois lâche; non! non! j'ai assez de courage pour mourir! ce n'est pas pour moi que j'implore pitié, c'est pour l'enfant que je porte en mes entrailles, car je suis mère!... ayez pitié de lui!... —

Tout resta muet autour d'elle, et sa voix seule, grossie par l'écho, gronda longtemps dans l'escalier sonore.

— Suis-je au désert que rien ne répond à mes larmes, ou parlé-je à des tigres!... On ne vous a point commandé un double meurtre; grâce pour mon enfant! Vous n'avez pas à craindre que votre proie échappe; jetez-moi dans un cachot jusques à l'heure de ma délivrance, et sitôt que mon fruit sera sorti de mon sein, vous y plongerez vos couteaux!

Comme elle achevoit les derniers mots, un bras entoura ses épaules, une bouche se posa sur la sienne et couvrit ses joues de baisers. Déborah poussa un cri, et ce long râlement guttural expression violente du dégoût. Alors une voix de femme lui dit : — Ne craignez rien, madame, on n'en veut point à vos jours, on ne vous conduit point au supplice; vous n'êtes entourée ici que de gents qui vous aiment. Relevez-vous et calmez-vous, ma bonne amie. Allons, valets, conduisez mylady en son appartement. —

Après avoir monté l'escalier et entendu crier plusieurs serrures, tout-à-coup son bandeau fut enlevé, et elle se trouva au milieu d'une chambre, face à face avec deux vieux domestiques en livrée verte, si laids et si difformes qu'elle recula épouvantée et fut se jeter le visage sur un sopha.

— Mademoiselle, nous vous appartenons, nous avons l'honneur d'être choisis pour votre service, lui dirent alors ces deux magots en lui faisant la révérence, nous vous sommes dévoués à toute heure. Lorsque vous aurez besoin de nous, vous n'aurez qu'à sonner. Désirez-vous quelque chose en ce moment?

— Oui. Je vous somme de me dire en quel repaire je suis, et quels animaux vous êtes?

— Appaisez-vous, mademoiselle, vous n'êtes point ici en péril. Nous sommes d'honnêtes serviteurs.

Dans une heure nous vous apporterons à souper.

— C'est inutile, messieurs; à d'autres votre poison!

Au bout d'une heure, en effet, les mêmes valets servirent à Déborah un excellent souper; malgré leur instance, elle ne voulut pas s'en approcher, et quoiqu'elle fût mourante de soif elle n'accepta pas même un verre d'eau. Le couvert enlevé, une duègne vint l'inviter à se coucher; et l'ayant aidée à se déshabiller et à se mettre au lit, elle lui souhaita une bonne nuit, et emporta la bougie.

La fatigue et le chagrin l'assoupirent bientôt; mais dans le milieu de la nuit elle s'éveilla au dénouement d'un rêve pénible, et dans la solitude tout l'affreux de sa position se peignit à ses yeux et la replongea dans la plus vive inquiétude. Elle se creusoit la tête pour découvrir en quel lieu, en quelles mains, et au pouvoir de qui elle pouvoit être. Le luxe des meubles, les valets, les soins, l'égard avec lequel on sembloit la traiter, ne lui permettant pas de se croire en une prison, et en outre un air pur de campagne, et une odeur de vacherie, qui plusieurs fois l'avoient frappée dans le carrosse durant le trajet, lui ayant donné la presque certitude qu'elle étoit éloignée de Paris, elle s'étoit mis en l'esprit qu'elle avoit été enlevée par les ordres de M. de Villepastour, et transportée dans une de ses maisons de plaisance.

D'heure en heure, elle s'attendoit à le voir paroître, et se préparoit à la plus opiniâtre résistance. Résolue à subir la mort plutôt que le moindre outrage, elle étoit désolée de se trouver sans armes, et poursuivie du regret de n'avoir point dérobé un couteau sur la table du souper.

Pour éviter toute surprise, et se tenir mieux sur ses gardes, elle se leva, ouvrit la fenêtre, qui donnoit sur un jardin, passa toute la nuit à faire le guet contre la porte de sa chambre et à écouter attentivement sonner les heures pour voir si elle ne reconnoîtroit point le timbre de quelque horloge. Personne ne vint : et dans la profondeur du silence, elle n'entendit au sommet des tours que des voix étrangères mesurer le passé, qu'elle maudissoit, et annoncer l'avenir qui l'emplissoit de terreur.

Le matin, quand les duègnes entrèrent dans sa chambre, elle la trouvèrent endormie sur le sopha, où, sans doute, le sommeil l'avoit surprise; elles lui mirent au pieds de jolies pantoufles brodées, en la priant de vouloir bien descendre avec elles, ce qu'elle ne fit pas sans hésitation.

Après avoir passé par un bel escalier et des corridors ornés de sculptures et de fleurs, elle se trouva dans une petite salle de bain revêtue de stuc et de marbre d'Alep.

Une baignoire de marbre pareil fut aussitôt emplie d'une eau tiède et parfumée, et les duègnes l'y plongèrent.

Peu d'instants après, en riche négligé du matin, entra une dame, sur le retour de l'âge, dont la figure étoit commune mais les manières fort distinguées. A un signe qu'elle fit les deux servantes se retirèrent, et alors elle vint s'asseoir tout à coté du bain.

Dès les premières paroles qu'elle prononça Déborah reconnut sa voix pour être celle de la femme qui la veille lui avait parlé en l'embrassant.

D'abord elle s'informa d'un air affable de l'état de sa chère santé, et comment elle avoit passé la nuit, puis elle l'engagea à se défaire de toutes ses craintes.

— Vous êtes ici en sûreté, ma charmante comtesse, vous n'avez pas à redouter la plus légère égratignure, lui disoit-elle d'une bouche mielleuse, je suis la surintendante de cette maison, et je vous le jure sur l'honneur; bien loin de là, vous ne trouverez ici que des gents empressés à vous plaire et à satisfaire vos caprices et vos désirs.

Avez-vous quelque soupçon de la ville que vous habitez et du lieu où vous êtes?

— Non, madame.

— Êtes-vous allée quelquefois à Fontainebleau ou à Versailles?

— A Versailles, seulement, madame.

— Avez-vous été présentée à la Cour? Connoissez-vous le Roi? l'avez-vous vu?

— Jamais, madame.

— Puisque vous vous prétendez enceinte, vous avez sans doute un amant?

— Avant-hier on me l'a tué!

— Pauvre enfant!... allons, courage, nous ferons tout pour vous consoler.

— Permettez-moi de récuser à l'avance toutes consolations, je les considérerois comme autant d'outrages.

J'ai répondu avec franchise et complaisance à vos questions, madame; j'espère que vous voudrez bien me traiter avec un pareil égard, et que vous daignerez répondre à celle que je vais vous adresser. Suis-je accusée ou coupable de quelque crime?

— Non pas, que je sache, mylady.

— Alors de quel droit, contre toute justice, s'est-on emparé de moi et m'a-t-on entraînée et emprisonnée dans cette demeure?

— Pour vous sauver de l'abandon où vous étiez, isolée et étrangère; et du besoin où vous auriez pu tomber, et où il n'est pas séant de laisser tomber une fille de noble et haute famille.

— L'intérêt qu'on me porte est trop violent, madame; c'est un zèle indiscret et insultant que je blâme et repousse. Mais pourrois-je au moins savoir qui professe une si exorbitante bienveillance pour moi? Au nom de qui m'a-t-on conduite en ce refuge? quel est ce refuge et quel sort m'y attend?

— Vous le voyez, j'en suis désolée, mylady, mais je ne puis encore vous satisfaire sur touts ces points. Dans quelques jours vous saurez tout.

— Ce mystère ne sauroit être que ridicule ou criminel, et je vous fais l'honneur de vous estimer trop grave pour prendre part à une stupide mascarade, ou trop honnête pour vous prêter à un infâme complot. Suis-je ici, répondez-moi, en une prison d'État?

— Ce séjour, mylady, a-t-il l'air d'un donjon? et moi, ai-je l'air d'un geôlier?

— Serois-je dans un couvent?

— Peut-être.

— Je vous en prie, madame, ne me laissez pas dans cette mortelle inquiétude. C'est un tourment affreux. C'est une angoisse que je ne pourrois supporter longtemps. Vous prétendez n'avoir rien à cœur que mon bien-être et ma joie : je ne vous demande qu'un peu de pitié. Votre silence confirme mes soupçons : allez, je sais tout; faites du secret tant que bon vous semblera! — Je suis ici au pouvoir de votre sieur le marquis de Villepastour.

— Non, mylady, il n'est rien de cela.

Ici, *La Madame*, feignant l'indécision, se tut et parut se recueillir quelques instants. C'étoit une fine bohême. Depuis longtemps elle brûloit d'impatience de faire un de ces mensonges ordinaires dont elle usoit avec ses *élèves;* mais elle tardoit, et se faisoit prier et supplier afin de lui donner un air plus grand de vérité et de confidence. Enfin, elle reprit : —

Écoutez, ma chère amie, j'éprouve pour vous un sentiment de tendresse que dès l'abord vous m'avez inspiré; vous me semblez bonne, je veux l'être avec vous. Mais promettez-moi une entière discrétion; car, en révélant ce qu'il seroit de mon devoir de vous taire encore longtemps, je cours le plus grand danger. Pour vous complaire je vais commettre une grosse faute, ma noble amie, mais je vous aime trop pour vous faire un refus. Un riche seigneur françois, le comte de Gonesse, vous ayant vue plusieurs fois je ne sais où, et ayant conçu pour vous l'amour le plus ardent et le plus généreux, afin de vous soustraire à la méchanceté de vos ennemis, et de vous mettre hors des périls qui vous environnoient, vous a fait amener ici mystérieusement; vous êtes aux Trois-Moulins, aux portes de Melun, dans une de ses retraites d'été dont j'ai la garde et l'intendance. Il seroit impossible de vous découvrir en ce lieu aussi secret qu'inviolable. Vous pourrez maintenant dans cette paix profonde goûter une vie délicieuse, et abandonner votre âme à toute la volupté du regret et de la mélancolie.

— Madame, vous me permettrez de ne point croire à cette fable.

— Mylady, je vous proteste devant Dieu et sur les cendres de mon père que cela est la vérité pure.

— Refuser de me rendre à un pareil serment ce seroit vous accuser d'une perfidie et d'une scélératesse dont la pensée seule m'épouvante : je préfère, madame, ajouter foi à votre histoire. Mais quelles vues a-t-il sur moi, ce comte de Gonesse? Que me veut-il?

— C'est un homme sensible et magnifique, il n'a d'autres désirs que de vous couvrir de sa protection.

— Les hommes pleins d'un pareil désintéressement ne sont pas abondants aujourd'hui. J'ai l'orgueil de me croire capable d'apprécier à son prix tant de vertu et de lui vouer toute l'admiration et la reconnoissance qu'elle mérite. Mais me donner sa protection n'est pas un but : quels sont ses projets?

— Son ambition est de vous faire partager son amour.

— Je ne le partagerai jamais! mon âme est descendue dans la tombe de mon époux.

— Et par la suite, lorsqu'il en sera digne à vos yeux, il vous offrira sa fortune et sa main.

— Que je repousserai. J'ai fait des vœux que je ne parjurerai point. J'ai mon époux à venger, et je me dois à l'enfant que je porte.

— Quelle que soit l'excellence de vos sentiments austères, vienne le temps et ils seront modifiés. On ne peut demeurer toujours en un triste et déraisonnable veuvage.

Allons, ma belle, si vous ne voulez vous affoiblir, il est temps de sortir du bain.

Reposez-vous sur ma bienveillance. Ma bonté et ma prévenance pour vous seront sans borne. Mon cœur et ma main vous sont ouverts. Soyez en paix, il ne vous arrivera rien de fâcheux tant que vous serez auprès de moi. Je vous aime tant! vous êtes si jolie! Laissez que je dérobe un baiser sur votre front candide. Que votre col est gracieux! vit-on jamais épaules plus blanches?

La Madame pour capter son amitié s'efforçoit ainsi de paroître affable. Elle la traitoit avec touts les soins possibles et touts les égards imaginables pour se ménager ses faveurs dans la suite, et la mettre dans la nécessité de faire sa louange auprès de son maître.

Alors elle l'aida à sortir de l'eau, et quand elle fut levée elle voulut lui faire tomber le linge qui l'enveloppoit, mais Déborah le retint de ses deux mains.

— Allons, ma fille, rejetez ce linge humide, pour que je vous essuie. Auriez-vous peur de paroître nue devant moi, devant votre mère? Que vous êtes enfant!

Déborah devint pourpre et baissa les paupières.

— Fi donc! rougir! la pudeur est faite pour les laides, mais non pour vous. Soyez glorieuse de tant de beautés. Ne craignez pas de faire connoître touts vos avantages. Quel dommage d'ensevelir tout cela dans un fourreau de toile! quel dommage de cloîtrer dans un corset ce beau sein, qui glisse sous ma main et lui résiste comme un marbre poli! Je ne puis m'empêcher d'y porter mes lèvres! Pardonnez-moi ces baisers, c'est l'admiration qui me les arrache.

— Je vous en prie, madame, laissez-moi me vêtir; et calmez, s'il vous plaît, cet excès d'admiration. Vos regards s'arrêtent sur moi avec trop de complaisance. Vous me couvrez de honte.

— Mylady, vous êtes faite d'une façon divine,

vous êtes faite comme un vase précieux : votre taille est semblable à son col évasé, et vos hanches à son renflement. Vos hanches sont si amples, que c'est tout au plus si je puis les entourer de mes bras....

— Laissez-moi, madame! vous vous oubliez, arrêtez! vous dépassez toutes bornes!...

Déborah, la main appuyée sur le front, repoussoit la tête de *La Madame,* qui s'étoit agenouillée devant elle, et l'étreignoit comme si elle eût imploré une grâce.

— Ne vous fâchez point, ma bonne amie, je n'ai pas le moindre désir de vous blesser. Le hasard seul a égaré ma bouche. Je vous en demande pardon. Je sais trop le respect qu'on doit aux jeunes filles, pour jamais chercher à en abuser. Mais ne défendez pas au moins quelques privautés sans conséquences à votre surintendante prête à se consacrer entièrement à vous; mais ne lui défendez pas au moins les regrets. Hélas! que ne suis-je ce que je voudrois être, un beau jeune homme aimé de vous. Heureux comte de Gonesse! que de charmes délicieux vous sont réservés! quel choix plus délicat eussiez-vous pu faire? Oh! je suis jalouse de ce choix!...

A quoi bon ce vœu stérile d'être un beau jeune homme? les jeunes hommes qui n'ont pas en leur pouvoir touts les amours, toutes les voluptés. Mon souhait devoit être de vous plaire. Je vous en avertis, je tiens à votre affection, et je ferai tout pour la gagner.

— Je n'ai jamais refusé mon affection à quiconque m'en a semblé digne, et j'ose espérer, madame, que vous y aurez beaucoup de droits.

— Si vous voulez, mylady, de votre gardienne que je suis vous ferez votre esclave. Au revoir, ma belle, j'irai vous rendre visite incessamment, peut-être ce soir. Appelez vos suivantes, qu'elles vous reconduisent chez vous, où votre déjeuner doit être servi. Vous aurez aujourd'hui la compagnie de mes deux sous-maîtresses.

Déborah trouva effectivement dans sa chambre une table de trois couverts abondamment pourvue de viandes froides, de hors-d'œuvre et de bouteilles. En attendant ses deux convives elle s'accouda pensive à la fenêtre. Réfléchissant à ce qui venoit de lui être révélé, elle se demandoit si elle devoit croire à ce comte de Gonesse; ce que pouvoit être cet homme; si réellement, dans son abandon, le ciel lui avoit envoyé un protecteur puissant, et, si ce n'étoit par générosité, quel sentiment avoit pu pousser cet inconnu à la faire enlever; quel sort lui étoit préparé, et quel salaire lui seroit demandé en retour de ce dévouement.

La conduite de *La Madame* au sortir du bain lui repassoit aussi dans l'esprit. Ses caresses, ses compliments outrés, ses attouchements, ses regards enflammés, ses baisers indiscrets, son trouble, ses spasmes, ses galanteries, tout cela lui sembloit bien étrange. Dans son souvenir, elle ne pouvoit le comparer qu'aux caresses amoureuses de Patrick, et pour elle ce n'en devenoit que plus inexplicable; la noble enfant étoit ignorante de toute dépravation.

Rarement celui qui plante et qui sème a les prémices de la récolte. Les fruits et les graines qui se vendent en nos marchés ne sont que les restes des insectes, des bêtes fauves et des oiseaux. C'est ainsi que Pharaon, en se fondant, à grands frais, un *harem*, n'avoit fait autre chose que d'en élever un à *La Madame*, qui prélevoit une grosse dixme anticipée sur ses odaliques. Il n'arrivoit à sa couche royale que le dessert de la servante.

Après un moment de rêveries, il vint dans l'esprit de Déborah la fantaisie soudaine d'examiner son appartement, qu'elle n'avoit point encore visité. Les murailles étoient couvertes de gravures encadrées et de peintures; elle s'en approcha, et recula d'étonnement et de dégoût; ce n'étoient que des nudités, des débauches, des scènes lascives, dont une lui donna l'intelligence des manières de *La Madame* à son égard, et de ses paroles ténébreuses.

Ces ordures ne lui permirent plus de croire à la vertueuse générosité du comte de Gonesse. Elle comprit qu'elle étoit tombée entre des mains infâmes, et peut-être même en un lieu de prostitution. A cette idée, son âme se révolta; son énergie naturelle lui revint, elle résolut de tout braver, d'opposer à tout une volonté opiniâtre et indomptable, et de lasser tellement par son humeur farouche qu'on fût dans la nécessité de lui rendre son indépendance.

Pleine de colère et de désespoir, elle courut à la

porte d'entrée, la ferma au double tour et au verrouil, puis décrocha un à un les tableaux et les précipita par les fenêtres. Leur chute et le bruit des glaces qui se brisoient firent un vacarme effroyable. Sur la cheminée et sur les meubles étoient des statuettes et des groupes de biscuit de porcelaine représentant aussi des obscénités, elle les brisa avec non moins de fracas. Dans un des coins du logement se trouvoit une armoire vitrée emplie de livres licencieux; lorsqu'elle en eut parcouru les intitulés, elle les envoya tous rejoindre les tableaux en débris sur le pavé de la cour.

A ce vacarme extraordinaire, les domestiques et *La Madame* accoururent à la porte de l'appartement de Déborah, et heurtèrent à coups redoublés. — Ouvrez, mylady, dit *La Madame;* que vous est-il donc arrivé, ma belle enfant? qu'avez-vous? ouvrez-moi donc, à moi, s'il vous plaît!

— Je n'ouvrirai point! répondit-elle.

— De grâce, dites-moi, que voulez-vous? on vous obéira. Si quelque chose vous déplaît en votre logement, on vous le changera. A-t-on manqué aux égards qui vous sont dus? Je vous en supplie, ne jetez plus rien par les croisées. Appaisez-vous. Mais répondez-moi donc, mylady! ouvrez-moi!

— Oui, je vous répondrai que vous êtes une femme abominable, et que vous faites un métier aussi abominable que vous! Vous êtes mal venue avec moi, vous n'aurez pas toutes vos aises. Je vous foule aux pieds vous et vos piéges! Vous avez beau entourer ma jeunesse d'images obscènes, vous ne la corromprez pas! Vous m'avez menti, je ne suis point chez le comte de Gonesse, un honnête homme, je suis chez un gueux! Je suis dans une de ces maisons qui n'ont point de nom pour une bouche pudique, et vous me destinez sans doute au trafic de mon corps et aux plaisirs des passants.

— Au nom des saints Anges, mylady, je vous l'affirme, croyez-moi, toutes vos appréhensions sont fausses et injustes. Vous êtes impitoyable pour moi; je suis une femme d'honneur au service d'un homme d'honneur, qui vous a donné asyle en son domaine : voilà la vérité devant Dieu! Qui a pu vous mettre au cœur si grande colère et si affreux soupçons? Est-ce l'indécence de ces tableaux que vous avez brisés? Ils appartenoient à la personne qui occupoit dernièrement votre chambre. J'avois tant recommandé à vos valets de les ôter, mais les maudits exécutent si mal mes ordres! je vous en fais mes humbles excuses. Pourquoi, mylady, ne voulez-vous pas ouvrir, à moi, si bonne pour vous? Oh! vous feriez perdre patience! Ouvrez donc, vous dis-je!...

— Madame, je n'en ferai rien.

— On ouvrira de force.

— Peut-être.

Voyant qu'il n'y avoit rien à obtenir d'un esprit si irrité et si ferme, *La Madame* se retira.

Le bain et la colère avoient épuisé les dernières forces de Déborah, qui depuis la veille dans l'après-midi n'avoit pris aucune nourriture : elle se mit à table. Malgré son grand appétit, elle mangea avec beaucoup de réserve, pour ne point trop attaquer le peu de provisions qu'elle se trouvoit avoir, et d'où devoit dépendre la durée du siège qu'elle se préparoit à soutenir. Plusieurs fois, dans la journée, *La Madame* revint heurter à la porte et renouveler ses instances. Déborah ne répondit point. Le lendemain matin trois coups frappés très-violemment la réveillèrent en sursaut. — Qui est là? demanda-t-elle. Cette fois une grosse voix d'homme cria : De par le Roi et la Justice, ouvrez! Déborah répliqua de son lit : Le Roi et la Justice sont-ils tout-puissants?

— Oui, certes! répondit *M. de Cervière*, car c'étoit lui.

— Eh bien, alors qu'ils ouvrent, et qu'ils entrent.

— Mylady, soyez plus raisonnable, ne me contraignez pas à agir avec rigueur.

— Qui êtes-vous pour avoir de la rigueur à votre service?

— Je suis le gouverneur de ce château.

— Le gouverneur de ce château ne sera jamais le mien.

— Trève de plaisanterie, mylady.

— Alors trève de vous, monsieur.

— Mais, dites-moi, dans quel but vous enfermer ainsi?

— Vous auriez pu, monsieur le gouverneur, vous dispenser d'une question aussi sotte.

— Que gagnerez-vous à cette résistance? vous serez tôt ou tard dans la nécessité de baisser le pont.

.Vous êtes une folle, de vouloir sans munitions soutenir un siège : et un siège contre qui ? contre des gents qui vous chérissent. Cédez enfin, je vous en prie, il ne vous sera fait aucun reproche, aucune punition, je vous le jure sur l'honneur : vous pouvez croire un vieux soldat.

— Jeune ou vieux, soldat ou citadin, je vous crois, monsieur, mais veuillez croire aussi que je ne me rendrai point à vos harangues. Je vous le déclare, je suis inébranlablement résolue à ne sortir d'ici que pour sortir de ce repaire, et je n'ouvrirai qu'à M. Goudouly, le maître de l'hôtel Saint-Papoul, que j'habitois. Allez rue de Verneuil, chercher M. Goudouly, ou laissez-moi en repos.

— Corps-Dieu ! voilà comme vous répondez aux ménagements qu'on apporte avec vous ! cria alors M. de Cervière avec un accent de colère brutale ! Vous voulez qu'on vous maltraite, on vous maltraitera ! Croyez-vous donc qu'il soit si difficile de pénétrer jusques à vous et d'effondrer votre porte ? Nous allons voir....

Il se tut, et Déborah l'entendit s'éloigner dans le corridor et descendre l'escalier; un moment après des pas lourds et réglés ébranlèrent le plancher et s'arrêtèrent contre la porte : là, plusieurs mousquets résonnèrent en tombant sur le carreau.

— Encore une fois, mylady, au nom du Roi et de la Loi, ouvrez !

— Encore une fois, monsieur, au nom du Roi et de la Loi je n'ouvre pas, le Roi ne peut vouloir l'infamie de ses sujets, et la Loi ne peut prêter appui à l'injustice.

— Soldats! faites votre devoir....

A ce commandement, on donna de violents coups de crosse qui agitèrent à peine la porte massive, et soutenue par des meubles que Déborah avoit amoncelés contre.

— Monsieur le gouverneur, écoutez-moi, dit-elle, se voyant ainsi poussée à bout; je me ris de vous, je vous brave et je braverai la mort. Si c'est pour vous emparer de moi que vous prenez toutes ces peines, il est inutile, vous ne me toucherez point; quand vous aurez renversé la porte et les barricades qui me défendent, et que je n'aurai plus d'autre refuge, j'implorerai Dieu, et je me précipiterai par la fenêtre la tête la première sur le pavé.

On frappa encore quelques coups, mais avec moins de force et d'acharnement. La voix de *La Madame* se fit entendre au milieu de cette rumeur; le bruit cessa; elle disoit à M. de Cervière : — « C'est une enfant capable de tout; je vous en prie, ne l'exaspérez point. S'il arrivoit malheur, c'est à moi qu'on s'en prendroit; ne faisons plus rien sans ordre supérieur. »

Après quelques chuchotements les assiégeants se retirèrent, et le corridor redevint silencieux.

XXXV.

IL y avoit déjà trois jours que Déborah se tenoit insurgée dans sa forteresse, lorsqu'en rôdant par sa chambre elle apperçut tracés au crayon sur la boiserie, ces mots italiens : CERCA QUI, TROVERAI. Le ton mystérieux de ces paroles la frappa; il lui sembla qu'elles n'avoient pu être écrites là sans une intention formelle, et qu'elles devoient contenir un sens secret. Minutieusement elle examina touts les lambris de la chambre, pour voir si elle ne trouveroit point quelque autre phrase explicative de la première; mais n'ayant rien rencontré, elle revint à sa sentence « CERCA QUI, TROVERAI. » Cherche ici et tu trouveras. — Est-ce simplement une maxime évangélique? Est-ce une pensée figurative ou positive? CERCA, cherche. L'ordre n'est pas ambigu. QUI, ici. Est-ce en ce logement? en cette maison? en ce bas-monde? ou dans cet endroit même? TROVERAI, tu trouveras. Tu trouveras quoi? c'est là le gros du mystère; c'est là la récompense de l'esprit heureux ou subtil qui pénétrera la proposition. Cherchons donc....

Alors elle promena ses regards sur touts les alentours, en frappant sur la boiserie pour s'assurer s'il n'y avoit point quelque endroit creux qui résonneroit sous le choc. Tout-à-coup elle apperçut, juste au-dessous de l'inscription, un panneau de la frise disjoint près du parquet. Elle introduisit ses doigts dans la fissure; le panneau flexible s'entr'ouvrit; sa main passa tout entière et heurta quelque chose qu'elle saisit en tremblant et tira dehors. C'étoit simplement un petit livre italien, les rimes de Petrarca; elle en secoua la poussière, et le parcourut sans rien trouver parmi les feuillets. Quoique cette découvertes lui fît plaisir, et vînt fort à point pour la distraire dans cette solitude et lui parler une langue dont elle raffoloit, elle ne put croire que ce fût là le mot entier de l'énigme, et de nouveau glissa la main derrière la boiserie, mais cette fois sans y rien rencontrer. Elle reprit son Pétrarque, et alla s'asseoir sur le sopha pour relire ses sonnets favoris. En l'ouvrant ses regards tombèrent sur la garde blanche qui précédoit le frontispice : elle étoit chargée d'une petite écriture serrée et ronde semblable à l'inscription du lambris. A grande peine voici ce que peu à peu elle déchiffra :

« Qui que tu sois, toi qui as compris le secret de
» mes paroles, je t'aime et je te demande ton amitié.
» Je souhaite que ce livre puisse te donner tout le
» plaisir que j'y ai puisé, et te faire oublier quelque-
» fois le chagrin qui te ronge peut-être. Sans doute
» tu es ici captive comme je le fus quatre années.
» Demain je pars, demain je serai libre ! Sans doute

» tu ignores quel sort t'est réservé, et l'inquiétude
» ne te laisse aucun repos. Va, sois tranquille; jouis
» en paix, ta destinée est belle, bien belle ! Un valet
» indiscret m'a tout révélé et m'a faite bien heureuse;
» je veux à mon tour te faire le même bonheur : Tu
» as dû, comme moi, avoir été enlevée à ta famille ;
» et l'on a dû te dire, comme à moi, que c'est un
» riche seigneur épris de bel amour qui te retient
» cachée dans un de ses manoirs, jusques à ce qu'il
» puisse t'épouser? Rien de tout cela n'est vrai :
» Tu es ici à Versailles, dans la maison du Parc-
» aux-Cerfs; le seigneur que tu as déjà reçu, ou que
» tu dois recevoir dans ta couche, est Pharaon, Pha-
» raon lui-même! Comprends toute ta félicité. Moi,
» je suis enceinte de lui, enceinte d'une Majesté, quel
» bonheur! Pauvre Maria, qu'as-tu fait pour mériter
» tant de gloire? Le ciel m'a exaucée, j'ai tant prié
» pour avoir ce bâtard! Que le ciel t'en accorde un
» aussi, je te le souhaite de toute l'ardeur de mon
» âme! Fais semblant d'ignorer ce que je viens de te
» dévoiler : si l'on venoit à te soupçonner si savante
» tu serois perdue, ton sort brillant seroit détruit
» sans ressource. Cache bien ce livre et déchire ce
» feuillet.

» Ne m'oublie pas dans tes prières, n'oublie pas
» *Maria-degli-Angeli*, c'est le nom qu'on me donnoit
» à Ferrare; je ne t'oublierai pas non plus, ma belle
» inconnue, car tu dois être belle comme moi, puisque
» comme moi tu as été choisie. Que ne puis-je te
» donner des baisers ! »

Étonnée, épouvantée de ce qu'elle venoit d'apprendre, Déborah versa beaucoup de larmes et demeura longtemps dans un triste abattement. Après de trop sombres réflexions, tout-à-coup, comme après un orage, le ciel de ses pensées s'éclaircit, et elle s'estima moins infortunée, après tout, que d'être au pouvoir du marquis de Villepastour. A la fin même il lui sembla que c'étoit une circonstance favorable et qui devoit la sauver, et elle prit la résolution soudaine de changer totalement de conduite, de faire l'enfant soumise, bonne, aimable, honorée, pour hâter autant que possible le jour de la venue de Pharaon.

Ayant arraché et déchiré en menus morceaux le feuillet du Pétrarque, qu'elle cacha prudemment dans la cheminée, elle se mit à genoux et remercia Dieu de ne l'avoir point abandonnée dans son affliction, de lui avoir fait connoître les embûches dressées sous ses pas, et le supplia de bénir la folle Maria-degli-Angeli, instrument généreux de ses volontés.

Puis elle se releva et sonna pour appeler les domestiques. — Une duègne accourut japper à la porte. — Déborah lui ordonna d'aller prier la surintendante de vouloir bien se rendre auprès d'elle.

XXXVI.

ARIA-DEGLI-ANGELI disoit vrai : l'infortunée Déborah étoit en lieu royal et impur.

Pour garder ainsi qu'en Orient les femmes du *harem*, là, pour garder les *élèves*, c'est le nom qu'on donnoit aux captives du Parc-aux-Cerfs, on avoit, en place d'eunuques-à-fleur-de-ventre, une certaine quantité de vieux monstres, de vieux phœnomènes démesurément laids.

Les *halvagis* employés à servir les filles de qualité, étoient vêtus de vert comme des cigales. Les *baltagis* ne portoient simplement que des livrées grises. Pharaon lui-même avoit réglé ceci, et tout ce qui concernoit l'étiquette, suivie en cette maison plus strictement qu'à la Cour.

En outre de ces affreux *agiam-oglans*, il y avoit le *kislar-aga* ou kutzlir-agasi, — le gardien des vierges — nommé dérisoirement *M. de Cervière*, et marchant presque de pair avec le capou-agasi, capiaga. C'étoit un ancien major d'armée, un croque-mitaine, chargé du gouvernement de la place et de la surveillance supérieure des *bostangis*, des *capigis*, des *atagis*, des *halvagis*, des *baltagis*. Son devoir étoit d'appaiser les séditions des sultanes, de repousser les tentatives extérieures, de s'emparer des *sélams*, et de chasser et de punir les audacieux qui oseroient pénétrer jusqu'aux odaliques. En cas de besoin, il pouvoit requérir assistance d'un poste de *spahïs* placé dans le voisinage, et qui avoit la consigne d'obéir à son premier commandement.

Pour régler les dépenses, maintenir le bon ordre, veiller à ce que les odaliques n'employassent pas leur loisir d'une manière inconvenable, et surtout ne se fréquentassent pas entre elles, il y avoit un *Kutzliragasi* femelle, nommée, je crois, madame Dumant, mais qu'on n'appeloit jamais que *La Madame*. C'étoit une femme de bas lieu, douée d'un esprit d'ordre si rare, que Pharaon en faisoit le plus grand cas, et disoit souvent : — Si jamais en sautant un fossé elle se fait homme, j'en ferai mon *Chaznadar-baschi*.

Après elle venoient immédiatement deux sous-madames, pour tenir compagnie aux odaliques adultes, pour dîner parfois avec les nouvelles et leur enseigner les belles manières et assister aux leçons de danse, de musique, de littérature, de peinture qu'on leur donnoit.

Une douzaine de duègnes, créatures d'un rang inférieur, à toute fin et à tout service, espionnoient les *élèves* rigoureusement.

Les viles travaux et les travaux de peine étoient faits par des servantes et des *baltagis*, choisis aussi par prudence vieux et hideux.

Toute cette valetaille immonde étoit largement salariée; mais à la moindre indiscrétion on l'envoyoit pourrir dans un cul-de-basse-fosse.

Il y avoit des odaliques de tout âge, depuis neuf ou dix ans jusques à vingt. Lorsqu'elles avoient atteint leur quinzième année on ne leur faisoit plus mystère de la ville qu'elles habitoient; mais on les détournoit le plus possible de croire qu'elles fussent destinées à la couche de Pharaon. Quand on les soupçonnoit de connoître leur destination, qu'elles avoient apprise, soit par hasard, soit par des confidences, on les renvoyoit en les faisant entrer dans un cloître ou dans un chapitre, ou, lorsqu'elles étoient enceintes, en les mariant.

La dépense de ce sérail étoit d'environ cent cinquante mille livres par mois, seulement pour la nourriture et l'entretien du *harem* et les émoluments des employés et des domestiques. On soldoit à part les Bachas-recruteurs, les indemnités accordées aux familles ou le prix de la vente des enfants, la dot qu'on leur donnoit, les présents qu'on leur faisoit et la prime des bâtards. Tout cela faisoit un gaspillage de plus de deux millions par an. Chaque année le Parc-aux-Cerfs coûtoit à la France aux environs de cinq millions.

Il a duré trente-quatre ans.

La surintendante qui succéda à madame Dumant, peu de temps après la mort de madame Putiphar, appartenoit à une des meilleures familles de Bourgogne, et étoit une ci-devant chanoinesse d'un chapitre noble.

Dès que les courtisans avoient connu la formation de ce *harem*, ils avoient brigué à l'envi le titre de *capi-aga*; mais Pharaon avoit pris en pitié leur prétention et leur bassesse, et, à leur grand crève-cœur, en avoit laissé la direction au fondateur Lebel, son *hazoda-baschi*, sous la suzeraineté du Bacha Phélipeaux de Saint-Florentin.

XXXVII.

PEU d'instants avant l'arrivée de Déborah au Parc, madame Putiphar avoit adressé cette lettre à *La Madame* :

« Vous recevrez sans doute ce soir, ma chère
» surintendante, une jeune comtesse irlandoise, nom-
» mée Déborah, que je vous envoie pour élève. Je
» n'ai vu que son portrait; elle m'a paru bien, très-
» bien. Quelqu'un qui la connoît plus particulière-
» ment m'a donné l'assurance qu'elle a mille grâces
» et mille attraits, et qu'elle doit plaire à coup sûr
» à Pharaon. Donnez-lui touts vos soins ; *formez*-la
» de suite; mon désir est qu'elle lui soit offerte avant
» peu. Son *éducation* vous coûtera sans doute beau-
» coup d'assiduité; j'aurai égard à vos peines, car,
» m'a-t-on dit, elle n'a pas le caractère aisé, et de
» plus, c'est une fille bouffie de vertu et à cheval sur
» le devoir. Il faut que vous la retourniez complé-
» tement. Ne négligez rien pour la séduire; ni flat-
» teries, ni mensonges, ni promesses. Tâchez surtout
» de détruire en elle tout sentiment de pudeur. Peut-
» être est-elle froide par l'ignorance où elle est de

» touts les plaisirs qu'on puise dans la débauche;
» découvrez-les lui touts. Attisez continuellement
» en elle l'appétit de la chair en ne l'environnant
» que de tableaux excitants, et en ne lui mettant
» entre les mains que des livres corrupteurs, et des
» aliments prolifiques. Par ces moyens, je l'espère,
» vous la vaincrez et vous opérerez une heureuse
» révolution en son tempérament. Le jour convenu
» pour la première visite de Pharaon, faites en sorte
» de mêler à sa boisson quelques substances aphro-
» disiaques.

» Je vous demande pardon de vous envoyer tant
» de besogne. Veuillez, pour me plaire, user en cette
» occasion de toute la patience, de toute l'adresse,
» de tout l'esprit que je suis heureuse de vous re-
» connoître, et que vous déployâtes tant de fois.

» Agréez, à l'avance, touts mes grands remercî-
» ments. »

Pour faire réponse à cette lettre d'envoi, et informer madame Putiphar de l'insurrection de Déborah, *La Madame* se hâta de lui faire parvenir ce message :

» J'ai reçu avant-hier au soir, affectionnée maî-
» tresse, votre jeune Irlandoise. Elle est vraiment
» jolie, je l'ai vue nue, dans le bain ; son corps est
» beau, parfaitement fait; sa taille est élégante, le
» son de sa voix agréable, ses manières on ne peut
» plus distinguées. Assurément elle charmera Pha-
» raon, si je puis la subjuguer; mais j'en désespère
» quasi. C'est une vierge alarmée et récalcitrante,
» il sera difficile de la dresser. En ce moment elle

» est en pleine rébellion. Suivant votre désir, j'avois
» garni son logement de figures, de tableaux et de
» livres obscènes; mais hier, à l'heure du déjeuner,
» la pudibonde ayant apperçu ces objets scandaleux,
» entra en si grande fureur qu'elle s'enferma et se
» vérouilla, et les jeta touts par les fenêtres. Mes
» prières, mes supplications n'ont pu ni l'appaiser,
» ni la décider à ouvrir. M. de Cervière vient à l'in-
» stant d'éprouver le même échec. Ni ses raisons, ni
» ses menaces n'ont pu l'ébranler dans sa résolution,
» elle s'est moquée de lui. Dépité, il a fait venir la
» force armée pour l'effrayer et enfoncer la porte
» barricadée par derrière avec des meubles; la porte
» et la fille sont restées inexpugnables, et mylady a
» déclaré que si on pénétroit par violence dans sa
» chambre, plutôt que de se rendre elle se précipite-
» roit par la croisée. J'ai suspendu le siège à ce
» point, et coupé court à l'ardeur belliqueuse de
» M. de Cervière; car, poussée à bout, la luronne
» auroit été capable d'exécuter sa menace. Dans une
» circonstance aussi périlleuse, je n'ai voulu rien
» prendre sur moi; j'attends donc vos conseils et vos
» ordres. »

Réponse de madame Putiphar.

« Prenez-la par la famine; avant peu, exténuée
» d'inanition, elle se trouvera dans la nécessité de
» se rendre à votre merci. Ayez pour elle une bonté
» démesurée, ne la grondez pas, ne la punissez pas.

» Désormais ne contrecarrez plus ouvertement ses
» opinions honnêtes; ne rompez plus en visière avec
» sa vertu. Vous ne capterez cette virago que par la
» ruse et le subterfuge. Ayez recours aux moyens
» obliques et occultes. Biaisez, dupez-la, subornez-la;
» mais n'entrez pas en lice avec elle. »

XXXVIII.

Aussitôt que Déborah l'eut fait prier de venir La Madame accourut, et fut fort émerveillée de trouver la porte débarricadée et toute large ouverte.

— Si je me rends, ce n'est point par disette, voyez, madame, cette table est encore chargée de provisions, lui dit Déborah doucereusement, mais par un bon sentiment qui part de mon cœur, et que vous daignerez apprécier, je l'espère. Je vous demande humblement pardon de la colère où je me suis laissée emporter, et du scandale que j'ai donné en cette maison. Mais élevée comme je l'ai été dans un farouche rigorisme, et pleine de dégoût, comme on m'en a emplie, pour l'impudicité, j'ai été blessée profondément des images dont on avoit orné ces murailles. Désormais, je vous le proteste, je serai moins fanatique.

— Ce retour que je ne saurois trop louer, mylady, m'enchante plus qu'il ne me surprend ; j'étois fermement persuadée que vous étiez bonne, et que ce n'étoit qu'une heure d'égarement produit par une colère bien justement motivée. Je vous prie de m'excuser pour les objets inconvenants que vous avez trouvés en cet appartement, et que vous avez fort bien fait de briser; comme je vous l'ai déjà dit, ils appartenoient à un vieillard qui occupoit ce local il y a quelques mois, et j'avois ordonné aux domestiques de les enlever; mais on est si mal obéi. Je vous demande surtout de vouloir bien n'en jamais parler à M. le comte de Gonesse; c'est un homme si sévère pour les mœurs, il ne me pardonneroit pas de sa vie cette malencontreuse négligence.

— Madame, vous pouvez compter sur ma discrétion.

— Votre pauvre ventre depuis trois jours a dû beaucoup souffrir de votre bouderie? Vous allez me faire l'amitié de l'amener dîner avec moi; en compensation je veux le traiter somptueusement comme un enfant prodigue; mais avant, il faut que nous nous parions. Vos beaux habits sont déjà prêts.

La Madame fit alors apporter une robe de *triomphante* couleur de pain brûlé, faite dans un goût charmant; Déborah la passa, elle lui alloit et lui seyoit à ravir. Dans l'enivrement *La Madame* tournoit et retournoit à l'entour en l'ajustant, en l'agitant pour le faire bouffer; elle sembloit jouer à la tour-prends-garde. Elle lui prenoit la taille entre les doigts, elle lui passoit une main voluptueuse sur ses hanches et sur sa poupe arrondie; elle lui baisoit les bras, les épaules et le dos dans ce vallon formé par la saillie des omoplates et sur la ravine des vertèbres. Toutes ces minauderies étoient entremélées de flatteries et d'exclamations. Quand elle eut épuisé son catalogue admiratif : — Il ne vous manque plus qu'un joyau, lui dit-elle, et vous serez le plus beau des chérubins. — Une servante à qui elle avoit parlé bas, revint aussitôt et lui remit une capse à bijoux. Elle en tira une longue chaîne d'or, qu'elle lui mit au col; à cette chaîne pendoit un médaillon, celui de Pharaon en costume de galant aventurier. — Ceci, ma charmante, est un cadeau du comte de Gonesse; cette miniature est son portrait; il a voulu, puisque lui-même en ce moment est éloigné de vous, que son image vous fût sans cesse présente, et il a passé procuration à ce bijou pour reposer sur votre cœur, en attendant qu'il puisse y reposer lui-même.

— Monseigneur le comte a trop de courtoisie et de bonté; je suis confuse de tant de faveurs, en vérité, je suis indigne de lui et de ses sentiments.

— Ses traits vous plaisent-ils? Comment le trouvez-vous?

— Il me semble beau et bien, sa figure est noble et douce, et son regard plein d'amitié.

— Venez, venez, ma chère mylady, vous êtes divine! vous êtes un amour!

XXXIX.

DÉBORAH joua si bien la bénigne, qu'elle rentra promptement dans les bonnes grâces de *La Madame*, beaucoup plus avant même qu'elle ne l'auroit souhaité. Elle étoit poursuivie sans cesse de ses petits soins obséquieux, de ses prévenances, de ses flatteries, et accablée de sa compagnie, de sa cour; car c'étoit une vraie cour d'amant, une cour assidue, faite avec une galanterie exquise; cette galanterie chevaleresque dont aujourd'hui les hommes ont perdu toute tradition. Elle goûtoit un plaisir très-grand dans touts ces riens qu'un amoureux dérobe au corps de sa bien-aimée; elle recueilloit précieusement toutes ces babioles que Déborah laissoit à l'abandon, et touts les bouquets qui s'étoient fanés à sa ceinture et dans ses cheveux. Plusieurs fois, s'étant laissée aller à une expression trop passionnée de sa tendresse, elle avoit été sèchement rudoyée; aussi, n'osant plus espérer de faire partager son inclination, elle s'étoit retranchée dans des bornes respectueuses, et s'en tenoit à une espèce de culte plus que contemplatif et moins que platonique. Déborah, souvent le matin, étoit réveillée par de doux gémissements, de gros soupirs, et trouvoit une main posée sur son sein, et à côté d'elle *La Madame* tout en émoi, assise comme sur un rivage et penchée sur elle en extase comme si elle se miroit dans des flots.

On s'empressa d'informer madame Putiphar de l'issue de l'insurrection de Déborah et de sa conversion. Dès lors, Lebel commença à entretenir son maître de la nouvelle élève du Parc, jeune comtesse irlandoise, charmante, accomplie, ravissante, et à en faire l'éloge le plus pompeux et le plus propre à l'en rendre curieux. Elle fut peinte plusieurs fois dans différents costumes; ces portraits furent placés sous ses yeux, et eurent le don de lui plaire. Ainsi émoustillé et alléché, Pharaon manifesta le désir de la posséder incessamment.

Comme la grossesse de Déborah devenoit de plus en plus apparente, on fut enchanté de l'empressement de Pharaon, et l'on se rendit de suite à sa velléité. Tout fut préparé pour sa réception. Le matin du jour fixé pour leur première entrevue, mylady fut priée de descendre à la salle de bain, et là ses duègnes passèrent plusieurs heures à la peigner et à la parfumer. *La Madame* l'invita à déjeûner avec elle, et durant tout le repas l'exhorta à se conduire de la façon la plus gracieuse, à user de toutes les ressources de son esprit et de sa beauté pour enivrer son adorateur; elle lui exaltoit son bonheur, et la congratuloit d'avoir fait la conquête d'un homme si noble, si riche, si puissant, et lui peignoit touts les plaisirs, toute la fortune et toute la gloire qui l'attendoient; enfin elle termina par ces conseils qu'une mère glisse, au coucher des nouveaux époux, dans l'oreille innocente de sa fille.

Après déjeûner elle la reconduisit dans son appartement, qu'on avoit délicieusement décoré, et la vêtit légèrement d'un surtout de satin rose, sans oublier la chaîne d'or au médaillon. Lorsque deux heures approchèrent, c'étoit le temps que Pharaon avoit choisi pour sa visite, *La Madame*, pour obscurcir le grand éclat du jour et jeter du mystère, baissa les stores, en souhaitant mille félicités à la pauvre Debby, dont le cœur battoit douloureusement et qui trembloit comme une feuille morte, et frémissoit comme une liqueur sur un feu ardent; puis elle la baisa sur le front en lui serrant tendrement les mains et sortit.

Aussitôt qu'elle fut seule, Déborah attacha à son bras gauche un long crêpe noir.

Elle étoit dans la plus cruelle angoisse, et presque défaillante, quand tout-à-coup elle entendit un craquement d'escarpin dans le corridor et heurter foiblement du doigt sur la porte; elle accourut ouvrir, et Pharaon entra vêtu d'une façon magnifique, qui rappeloit le commencement du siècle et plus encore les beaux temps de l'amant de La Vallière. Il portoit une casaque de velours noir chargée de brandebourgs d'or, une veste de brocart de soie à ramage d'argent, des hauts-de-chausses amples comme des brayes de matelots et un feutre gris ombragé de plumes et entouré d'un large bourdaloue.

Sa figure étoit superbe, sa prestance majestueuse;

éblouie, subjuguée par cet abord imposant, et sans doute par la pensée prestigieuse qu'elle étoit là, face à face avec un de ces hommes que le crime ou l'hérédité du crime fait berger d'une nation, Déborah se mit à genoux et inclina le front jusques à terre; mais Pharaon lui prit la main et lui dit :

XL.

Suis-je donc l'aquilon, que je courbe ainsi les fleurs? Relevez-vous, mylady, et permettez à mes lèvres de restituer à votre bouche touts les baisers infidèles que, dans la tristesse de l'absence, elles ont prodigués à cette effigie, qui loin de vous brilloit sur ma poitrine comme une étoile dans l'ombre, et qui vient de s'évanouir devant le soleil de vos charmes.

Qu'il me tardoit d'être à vous! qu'il me tardoit d'être débarrassé des affaires diplomatiques, et surtout insipides, qui me retenoient aux frontières quand mon âme étoit auprès de vous.

Enfin, je vous vois, je vous presse en mes bras; je vous parle d'amour; je suis heureux!

Vous êtes généreuse, mylady, vous comprenez à quoi peut entraîner l'excès de la passion; vous me pardonnerez ce qu'il y a pu avoir de tyrannique dans ma conduite envers vous. Je vous ai ravie au monde; je vous ai faite ma prisonnière : c'est mal! très-mal! mais je vous aime tant! Toute ma vie désormais sera une expiation.

Vous avez dû sans doute vous ennuyer beaucoup dans cette morne demeure ?

— Je languissois. J'espérois ardemment après votre venue.

— Naïve enfant! Mais quelle est donc cette écharpe noire que vous avez au bras?

— C'est le deuil de Patrick, mon époux infortuné; de mon époux, qu'on m'a assassiné la veille de mon rapt. Et qui me l'a assassiné? un marquis de Villepastour, un capitaine du Roi; parce que je n'avois pas voulu de lui, et la concubine du Roi, parce qu'il n'avoit pas voulu d'elle! C'est une abomination! Monsieur, j'attends de vous justice. Ah! vous me vengerez!

— Je ne suis pas puissant.

— Vous parlez au Roi, vous le lui direz!

— Et le Roi me répondra : — Que ces dames gardent mieux leurs amants, si elles y tiennent. D'ailleurs, pour un de perdu deux de retrouvés. Je n'y puis rien. Quand un chien est égaré on l'affiche; quand il est mort on n'en parle plus.

— Fi, monsieur! vous le calomniez, le Roi! Le Roi est justicier; il a le cœur droit et la parole noble; le Roi hait le crime et le punit.

— Je suis flatté de l'opinion avantageuse que vous avez de lui. Soyez tranquille, vous aurez satisfaction. Mais oublions un moment toutes ces choses pénibles : j'ai l'esprit ombrageux, la moindre pensée sombre m'affecte et m'emplit de terreur. La mélancolie est un poison et la joie un élixir.

Venez, Déborah, venez, mylady; venez sur ce sopha, et causons d'amour.

Laissez vos mains dans les miennes, et laissez-moi m'asseoir plus près encore de vous.

Vous êtes bien tout ce que j'avois pressenti, une personne divine! Je suis fou de vous! Si toutes les Irlandoises avoient votre beauté et votre grâce, et que je fusse Roi de France, je troquerois vite ma terre ferme contre votre île.

— Que Dieu préserve ma patrie d'un fléau tel que vous! Subir le joug de l'étranger victorieux, obéir à la loi du plus fort, c'est un malheur! Mais avoir pour maître un mauvais homme sorti du sein de la nation, ou choisi par elle, c'est un opprobre!

— En vérité, mylady, vous me faites trop d'honneur de me croire un fléau; quand vous me connoîtrez plus, assurément vous m'estimerez moins.

Oh! ne bougez pas de comme cela! la tête ainsi penchée, vous êtes ravissante. Que vos épaules sont blanches et belles! Oh! j'ai besoin de toute ma civilisation pour ne les dévorer que de baisers. Avec ces épaules-là, ma mignonne, je ne vous conseille pas d'échouer à l'île de Tovy-Poenammou.

Ce sont de vrais pièges à hommes que ces robes ainsi décolletées. Certes, les robes *décolletées* sont bien, mais des collets *dérobés* seroient encore mieux; ce seroit à coup sûr plus commode. Je n'aime pas les obstacles; mais chez nous on a la manie des enveloppes; et une femme seroit mal réputée si elle n'étoit pas enveloppée de linges comme une plaie.

Dernièrement deux belles dames descendirent de carrosse et entrèrent dans le jardin des Tuileries ; elles s'étoient avisées d'un moyen délicieux de satisfaire à l'usage et à la raison : entièrement nues, elles n'étoient seulement vêtues que d'une robe de la gaze la plus claire, qui laissoit apparoître leurs formes parfaites et leur bel incarnat. On les voyoit comme on voit les melons au travers de leurs cloches de crystal ; cela étoit délicieux !...

De ma vie je n'ai éprouvé ce que je ressens auprès de vous ; je le vois bien, l'amour véritable m'étoit resté jusques à ce jour tout-à-fait étranger. Oh! mylady, si vous saviez quelle passion votre candeur a fait éclore en mon sein, et de quel feu je brûle auprès de vous ! Ma raison se trouble,... j'étouffe.... Restez, restez enlacée dans mes bras !... Cette résistance est puérile et vaine. O ma belle, mourons de plaisir !

— Arrêtez ! de grâce, monsieur ! N'avez-vous pas de honte ! Vous jouez ici un rôle indigne de celui que Dieu vous a confié.

— Dieu m'a fait homme.

— Et vous vous faites chien !

— Vous êtes impolie, mignonne, et traitez mal ce pauvre comte de Gonesse.

— Grâce ! grâce ! monsieur ! Je sais qui vous êtes ; vous n'êtes point le comte de Gonesse ; — Sire, vous êtes Pharaon !

— La belle, vous rêvez.

— Sire, ah, laissez-moi ! c'est infâme ! vous me brisez ! Vous n'obtiendrez rien !...

C'est donc là l'hospitalité qu'une fille étrangère trouve en votre Royaume! on lui tue son époux, et puis on la traîne en un lieu sans nom, et on l'engraisse pour les plaisirs du Roi, et le Roi la viole. — Mais c'est une abomination! — Majesté, n'en crevez-vous pas de honte? — Oh! vos ayeux n'étoient pas ainsi, ils ne répandoient pas la corruption sur leur Empire; ils gouvernoient leur peuple, et vous, Sire, vous le polluez! Ne craignez-vous pas de voir surgir ici, échappés à leur sépulcre et pleurant, les ombres de saint Louis, de Robert ou de Charlemagne!...

Mais Pharaon sans l'écouter l'enveloppoit de ses bras et la courboit sous lui.

— Sire, ayez pitié de moi! Mon Dieu! pourquoi tant désirer une pauvre enfant maussade? N'avez-vous pas à votre merci les mères, les sœurs, les femmes et les filles de vos courtisans, qui hennissent après vous comme des cavales? N'avez-vous pas toute la Cour? n'avez-vous pas toute la ville? n'avez-vous pas cette maison toute pleine d'odaliques qu'on vous dresse, qui se meurent dans l'attente, qui me jalousent sans doute pour mes cris de désespoir qu'elles prennent pour des cris de bonheur? Ah! Sire, Sire, grâce! grâce!... — Vous voulez de la volupté : je ne suis qu'une ronce, qu'un buisson épineux dont les feuilles et les fleurs sont tombées au souffle de l'infortune. Je ne suis qu'une étrangère sans agrément et sans bien-dire, triste, morne, fanée, le cœur plein de fiel et de dégoût et d'abattement, regrettant ses montagnes natales, pleurant sa mère dont la fosse est encore fraîchement remuée, et son époux dont le sang fume encore. — Grâce, grâce, Sire! laissez-moi: vous demandez des plaisirs à une urne, vous demandez des caresses à un cyprès! Voyez! je suis froide et glacée comme un mort! — Pitié! pitié! humanité, Sire! mes entrailles sont pleines : ne donnez pas à l'orphelin que je porte pour mère une prostituée!...

— Ma belle hautaine, mon amour anoblit, ennoblit et ne prostitue pas. Que votre orgueil soit tranquille; allez, si l'un de nous déroge, assurément ce n'est pas vous; — car, tu l'as dit, je suis Pharaon, et je donnerois volontiers mon Royaume de France pour celui de ton cœur. Mais, non, je puis unir ces deux couronnes. Prends-moi pour amant, et touts tes rêves de félicité et de grandeur se réaliseront. Justice, vengeance, réparation te seront faites. Ton présent et ton avenir seront si beaux, qu'ils obscurciront ton passé. Je puis tout, tu le sais? eh bien, tu domineras ma puissance! Je possède tout, et tout sera pour toi! Opulence, bruit, courtisans, esclaves, fêtes, spectacles, triomphes, festins, volupté, jours de plaisirs et nuits d'orgie, parfum, musique, amour, ivresse!... tout ce que l'univers produit de suave, de précieux et d'envié viendra s'abattre à tes pieds; ton nom retentira dans le monde, et la foule à ton passage s'écrasera et battra des mains. — Tu regrettes tes montagnes, on t'en fera de pareilles. — Tu regrettes ton vieux château, on le transportera à la place que tu marqueras du doigt!...

— Se vendre pour un royaume ou pour un écu, Sire, l'opprobre est le même. Sire, vous m'outragez!

— Vos séductions se noyent dans ma tristesse : je n'envie que la solitude des forêts ou la paix de la tombe. Sire, justice et protection! Sire, vous me le devez! Sire, rendez-moi la liberté et sauvez-moi l'honneur!...

— Cédez, vous serez Reine!

— Et votre épouse?...

— Je ne l'ai jamais aimée.

— Et votre concubine?...

— Je ne l'aime plus.

— Et moi, Majesté, je vous hais.

— Rien n'est si près de l'amour que la haine.

— Grâce, grâce, Sire! épargnez-moi!... Mais que faut-il vous dire?... Peut-être m'exprimé-je mal? Mes paroles sont peut-être de perfides truchemans? Je ne sais pas votre langage; je suis une pauvre étrangère. Oh! si vous compreniez la langue de ma patrie, je vous dirois de ces choses si bonnes et si douces que vous seriez attendri; mais vous êtes féroce comme un sourd qui frappe sans entendre les cris de sa victime.

— Allons, soyez plus raisonnable. La résistance est vaine, ma mignonne, et ne fait que m'embraser.

— Vous finiriez par me rendre brutal!

— Majesté! ah! c'est mal de frapper et de tordre ainsi une veuve débile, une mère souffrante! — Grâce! grâce! à deux genoux, mon Roi! — Grâce! grâce! Oh! vous n'êtes pas chevalier!...

Voilà donc ce que c'est qu'un représentant de Dieu sur la terre! mon âme se révolte et ma raison s'intervertit. — Roi, vous êtes infâme! malheur sur vous et sur votre race! abomination!

— Ah! vous faites la Romaine, je me vengerai de vous, Lucrèce!

— Tarquin! quelqu'un me vengera!

— Qui?

— Dieu et le peuple.

FIN DU TOME PREMIER.

www.ingramcontent.com/pod-product-compliance
Lightning Source LLC
Chambersburg PA
CBHW060419170426
43199CB00013B/2201